河南省哲学社会科学规划年度项目"知行创融合视域下中学创客教育中序列化学习活动模型的设计研究"（2023BJY009）

河南省高等教育教学改革研究与实践项目（研究生教育类）（2023SJGLX255Y）

中学创客教育中序列化学习活动模型研究

赵慧臣　李　琳　等著

Maker Education

中国社会科学出版社

图书在版编目（CIP）数据

中学创客教育中序列化学习活动模型研究 / 赵慧臣等著. -- 北京：中国社会科学出版社，2024.8.
ISBN 978-7-5227-3785-0

Ⅰ.G632.0

中国国家版本馆CIP数据核字第2024UN8822号

出 版 人	赵剑英
责任编辑	高　歌
责任校对	李　琳
责任印制	戴　宽

出　　版	中国社会科学出版社
社　　址	北京鼓楼西大街甲158号
邮　　编	100720
网　　址	http://www.csspw.cn
发 行 部	010-84083685
门 市 部	010-84029450
经　　销	新华书店及其他书店

印　　刷	北京君升印刷有限公司
装　　订	廊坊市广阳区广增装订厂
版　　次	2024年8月第1版
印　　次	2024年8月第1次印刷

开　　本	710×1000　1/16
印　　张	13
插　　页	2
字　　数	200千字
定　　价	69.00元

凡购买中国社会科学出版社图书，如有质量问题请与本社营销中心联系调换
电话：010-84083683
版权所有　侵权必究

前　言

创新是引领国家和民族发展进步的不竭动力，创新人才是驱动国家创新发展的核心力量。创客教育秉持"开放创新、探究体验"的理念，以素养为导向，以"创造中学"为主要学习方式，以培养创新型人才为目的，被视为育人的重要路径。然而，在实践中，教师设计和实施教学的随意性、盲目性和经验化，导致创客教育出现"重教轻学""学习活动设计同质化""学习活动设计数量单一""学习活动设计割裂化"等问题，折损了学生的深层思考。2022年，教育部印发《义务教育课程方案和课程标准》（2022年版）指出，课程教学要促进"做中学""用中学""创中学"，加强知行合一、学思结合，以变革育人方式。而在智能时代，"知行合一"中"行"的内涵应该不断拓展，它不仅应该包括实践或行动，而且应该包含"创新"这一人才培养要求，即促进学生在创客教育中实现知行创的融合发展。那么，如何聚焦于学生的学习过程，构建出循序渐进、环环相扣的创客教育序列化学习活动模型，促进学生由学以致知、学以致用向学以致创发展，成为中学创客教育发展过程中亟待解决的问题。

本书主要围绕以下问题展开研究：第一，创客教育何以促进学生实现知行创的融合发展？第二，如何立足知行创融合的人才培养，开展中学创客教育中序列化学习活动模型设计？第三，如何验证中学创客教育中序列化学习活动模型的科学性与可用性？第四，如何推动中学创客教育中序列化学习活动模型在实践中的应用与推广？其具体内容包括如下几方面。

1. 中学创客教育中序列化学习活动设计目标指向的明确。本书坚持目标导向，结合国家政策要求、创客教育的特征，从创客教育中知识与行动的关系视角，从学生学习经验转化方面，明确了中学创客教育中序列化学习活动设计的知行创融合目标。

2. 中学创客教育中学习活动的选取与识别。本书从文献分析、案例分析、实践分析三个方面梳理了有针对性的中学创客教育学习活动，并引导专家对识别出的中学创客教育学习活动进行补充、修订。

3. 中学创客教育中序列化学习活动模型的构建。本书基于解释结构模型，建构形成了中学创客教育中序列化学习活动模型。首先，利用质性与量化相混合的方法分析学习活动之间的直接顺序，形成学习活动的邻接矩阵；其次，基于布尔运算，确定学习活动邻接矩阵的可达矩阵计算，形成学习活动的层级关系；最后，依据层级关系形成中学创客教育中序列化学习活动模型。

4. 中学创客教育中序列化学习活动模型的效果验证。本书利用访谈法访谈了一线教师和学生，从教师需求与学生需求角度验证了序列化学习活动模型的科学性、有效性与可用性，并结合意见不断完善序列化模型。

5. 中学创客教育中序列化学习活动模型的案例分析。本书筛选了中学创客教育中具有代表性的案例，利用案例分析法分析案例在学习活动设计方面的优点与薄弱之处，并提出相应的改进建议。

6. 中学创客教育中序列化学习活动模型应用建议的提出。立足于知、行、创融合的设计目标，本书从提升创客教师教学能力、改进跨学科视域下学生创客大赛、构建序列化学习活动模型应用共同体角度提出了相应的应用与推广建议。

概括而言，本书结合创客教育中存在的实践问题，利用解释结构模型法构建形成了中学创客教育序列化学习活动模型，并面向模型应用提出了相应建议。一方面，本书在文献分析、专家访谈的基础上，利用解释结构模型法科学分析中学创客教育中学习活动的运作机理，探究学习活动之间的关系，可以有效弥补现有经验式创客教育教学设计、学习设计的缺漏，提升了创客教育教学的科学性与有效性。另一方面，序列化学习活动模型坚持预设性与生成性统一，赋予了教师灵活应用模型的空间。教师可参考学习活动序列化模型,依据学习内容、学生特点、环境支持等信息,设计组合形成不同创客学习环境下、不同创客教育形式的学习活动序列,并可借助社会互动,依据个体及共同体的反馈,不断优化并创生出新的创客学习流程。

目 录

第一章 引言 (1)
第一节 研究背景 (1)
一 创客教育是创新人才培养的重要形式 (1)
二 中学创客教育亟待关注学生学习的有效发生 (2)
三 序列化学习活动可有效提升中学创客教育的质量 (2)
第二节 研究目的和意义 (3)
一 研究目的 (3)
二 研究意义 (3)
第三节 概念界定 (4)
一 创客教育 (4)
二 学习活动 (5)
三 序列化学习活动 (6)
第四节 理论基础 (7)
一 发生建构主义理论 (7)
二 知行创融合理论 (8)
三 情境认知学习理论 (9)
四 戴尔"经验之塔"理论 (10)
第五节 研究思路与方法 (11)
一 研究思路 (11)
二 研究方法 (11)

第二章　创客教育何以促进学生知行创的融合发展 ……（14）

第一节　创客教育中知识与行动的关系研究：促进创新型人才培养 ……（14）
　　一　创客教育中知识与行动关系的反思 ……（15）
　　二　创客教育的分类：基于知识与行动视角 ……（17）
　　三　创客教育中知识与行动关系的分析 ……（19）
　　四　创客教育中知识与行动的关系矩阵 ……（23）
　　五　创客教育中知识与行动关系优化的建议 ……（25）

第二节　创客教育中学生学习经验转化研究：促进创造性学习发生 ……（29）
　　一　创客教育中学生学习经验转化问题亟待研究 ……（30）
　　二　创客教育中学生学习经验分类及其来源 ……（32）
　　三　创客教育中学生学习经验转化的方式 ……（35）
　　四　创客教育中学习经验转化的策略 ……（39）

第三章　中学创客教育中序列化学习活动设计的提出 ……（41）

第一节　序列化学习活动的内涵 ……（41）
　　一　以过程视角看待创客学习，关注知识转化、生成与创造 ……（41）
　　二　基于"综合化"教学理念，强化学习活动设计的关联性 ……（42）
　　三　依据学生学习规律，强化学习活动间的逻辑递进关系 ……（43）

第二节　序列化学习活动设计的文献综述 ……（44）
　　一　中学创客教育研究：内容丰富多元但学习机理分析薄弱 ……（44）
　　二　学习活动的研究：关注方法与理念但逻辑关系待优化 ……（50）
　　三　序列化学习活动研究：亟待面向创新人才培养优化设计 ……（53）

第三节　序列化学习活动设计的构想 …………………………（55）
　　　一　序列化学习活动设计的目标指向 ……………………（56）
　　　二　中学创客教育中学习活动的识别与确定 ……………（57）
　　　三　序列化学习活动模型的构建 …………………………（59）
　　　四　序列化学习活动模型的验证与完善 …………………（60）
　　　五　基于序列化学习活动模型的案例优化 ………………（60）
　　　六　序列化学习活动模型的应用建议 ……………………（61）

第四章　中学创客教育中学习活动的识别与确定 ………………（63）
　　第一节　中学创客教育中学习活动的识别 ……………………（63）
　　　一　识别文献中的学习活动 ………………………………（63）
　　　二　识别案例中的学习活动 ………………………………（74）
　　　三　识别实践中的学习活动 ………………………………（80）
　　　四　学习活动的汇总与分类 ………………………………（85）
　　第二节　中学创客教育中学习活动的选取与确定 ……………（86）
　　　一　第一轮专家意见的汇总与修订 ………………………（86）
　　　二　第二轮专家意见的汇总与修订 ………………………（90）

第五章　中学创客教育中序列化学习活动模型的构建 …………（97）
　　第一节　中学创客教育中学习活动邻接矩阵的建模 …………（97）
　　　一　学习活动之间直接顺序关系的文献分析 ……………（98）
　　　二　学习活动之间直接顺序关系的专家判断 ……………（98）
　　　三　学习活动邻接矩阵的形成 ……………………………（100）
　　第二节　中学创客教育中学习活动可达矩阵的建模 …………（105）
　　第三节　中学创客教育中学习活动层级关系的确定 …………（105）
　　第四节　中学创客教育中序列化学习活动模型的分析 ………（108）

第六章　中学创客教育中序列化学习活动模型的完善 …………（112）
　　第一节　中学创客教育中序列化学习活动模型的验证与
　　　　　　反思 ……………………………………………………（112）

一　序列化学习活动模型中层级关系的验证 ………… （112）
　　二　序列化学习活动模型中学习活动的验证 ………… （119）
　　三　序列化学习活动模型的完善 …………………………… （123）
第二节　中学创客教育中序列化学习活动模型的案例
　　　　应用 ……………………………………………………… （125）
　　一　基于序列化学习活动模型改进的案例介绍 ………… （125）
　　二　基于序列化学习活动模型改进的案例分析 ………… （127）
　　三　基于序列化学习活动模型改进的案例优化 ………… （129）

第七章　中学创客教育中序列化学习活动模型的应用建议 …… （131）
　第一节　提升中学创客教师教学能力 ……………………… （131）
　　一　创客教师的教学能力亟待提升 ……………………… （132）
　　二　创客教师教学能力提升研究的反思 ………………… （134）
　　三　创客教师教学能力提升研究的建议 ………………… （136）
　第二节　改进跨学科视域下学生创客大赛 ………………… （141）
　　一　作为跨学科培养学生创新能力的创客大赛 ………… （141）
　　二　跨学科视域下学生创客大赛价值的审视 …………… （143）
　　三　跨学科视域下学生创客大赛的现状分析 …………… （144）
　　四　跨学科视域下学生创客大赛的问题反思 …………… （146）
　　五　跨学科视域下学生创客大赛的改进建议 …………… （149）
　第三节　构建序列化学习活动模型应用共同体 …………… （153）
　　一　学校：融合多元活动空间，拓展模型的应用场景 …… （153）
　　二　教师：面向创客实践，形成模型应用的循环生态 …… （154）
　　三　学生：强化自我反思监控，实现知行创的融合
　　　　　　　发展 ……………………………………………… （155）
　　四　家长：优化家校共育，支持学生在实践中创新
　　　　　　　知识 ……………………………………………… （156）
　　五　行业：关注学生需求，为模型应用提供多方面
　　　　　　　保障 ……………………………………………… （156）

第八章 研究总结与展望 (158)
第一节 研究总结 (158)
一 识别中学创客教育中代表性的学习活动 (158)
二 构建中学创客教育中序列化学习活动模型 (159)
三 验证中学创客教育中序列化学习活动模型的有效性 (159)
四 提出中学创客教育中序列化学习活动模型的应用建议 (159)

第二节 研究反思 (160)
一 序列化学习活动模型有待在实践中验证 (160)
二 虚拟空间及混合空间学习活动的关注较为薄弱 (160)
三 学习活动识别及调研对象选取范围有待扩展 (160)

第三节 研究展望 (161)
一 强化模型的实践验证,推动学生实现知行创的融合转化 (161)
二 引入对抗解释结构模型法,推动研究的进一步深化 (161)
三 扩大研究的广度,在更大范围内推广研究成果 (161)

附 录 (163)

参考文献 (186)

后 记 (197)

第一章 引言

第一节 研究背景

一 创客教育是创新人才培养的重要形式

创新是引领国家和民族发展进步的不竭动力,创新人才是驱动国家创新发展的核心力量。我国一直重视创新人才的培养,并在多个文件中指出探索创新人才培养的新路径。例如,中共中央、国务院印发的《中国教育现代化2035》提出教育应创新人才培养模式,强化创新能力和实践能力的培养[1];《全民科学素质行动规划纲要(2021—2035年)》也明确指出要大力开展启发式、探究式、开放式教学,推行场景式、体验式及沉浸式学习,增强学生的创新意识和创新能力[2]。

然而,多年的实践与探索已经印证传统教学模式下的知识灌输学习只能在一定程度上提升学生的"知识量",却无法提升学生的创新意识、创新思维与创新能力。近年来,伴随着"大众创业、万众创新"的热潮,创客教育因秉承"开放创新、探究体验"的教育理念[3],传承体验教育、项目学习法、创新教育、DIY 理念的教育思想[4],提倡以"创中学"为主要的学习方式,被视为创新型人才培养的重要路

---

[1] 中共中央、国务院:《中国教育现代化2035》,http://www.gov.cn/xinwen/2019-02/23/content_5367987.htm,2022年7月17日。

[2] 中共中央、国务院:《全民科学素质行动规划纲要(2021—2035年)》,http://www.gov.cn/zhengce/content/2021-06/25/content_5620813.htm,2022年7月17日。

[3] 杨现民、李冀红:《创客教育的价值潜能及其争议》,《现代远程教育研究》2015年第2期。

[4] 祝智庭、孙妍妍:《创客教育:信息技术使能的创新教育实践场》,《中国电化教育》2015年第1期。

径。在政策的引导下,各个学校在实践中不断践行创客教育理念,搭建创客学习空间,开发创客教育资源,探索创客教育课程融合新模式。

二 中学创客教育亟待关注学生学习的有效发生

在理论层面,中学创客教育研究内容多聚焦于创客教育宏观规划、创客空间建设、创客教学模式探索、创客课程设计、创客师资培养等方面。总体而言,创客教育研究多为宏观层面的理论探讨,实践与应用研究薄弱,且相关实践与应用研究也大多围绕特定知识的形式和状态设计教学,忽视学生学习的情境;多聚焦于教师的"教",忽视学生学习的有效发生。在实践层面,教师设计和实施教学的随意性、盲目性和经验化,导致中学创客教育出现了"学习活动设计割裂化、浅表化及同质化"等问题,阻碍了学生学习与思考的连续性,不利于创新人才的培养。

中学是提升学生创造意识、创新思维及创新能力的关键时期。在此阶段,学生的认知思维从具体运算阶段向形式运算阶段发展,其思维已超越对具体、可感知事物的依赖,逐渐转向逻辑推理、假设—演绎思维的发展,而逻辑推理、假设—演绎思维发展的效果将直接影响创造力的形成[①]。为此,基于对理论研究和实践探索的分析,结合中学生的认知发展规律,中学创客教育相关研究与实践有待聚焦于学生的学习过程,围绕学生的学习活动,探索中学创客教育中学习活动的序列化设计,引导学生在情境中实现学习的有效发生。

三 序列化学习活动可有效提升中学创客教育的质量

教育部印发的《义务教育课程方案和课程标准》(2022年版)指出:"教学应坚持'做中学''用中学''创中学'的原则,加强知行合一、学思结合,引导学生在学科探究活动的参与过程中发现问题、解决问题、建构知识、运用知识"。那么,在以创新创造为核心特征的创客教育中,教学或学习不仅要促进学生实现"知行合一",而且

---

① 陈琦、刘儒德主编:《当代教育心理学》,北京师范大学出版社2007年版,第219—220页。

要推动学生在探究中实现知行创的融合发展。然而，由于教师在实践中忽视学习活动之间的逻辑关系和相互作用，采用"摸着石头过河"的方法，以结果为导向，依据个人经验及优秀案例，从宏观角度设计学习活动，导致创客教育中出现学习环节割裂化、教学开展断层化等问题①，折损了学生的深层思考，也阻碍了学生知行创的融合发展。

学生认知的发展是一个循序渐进的过程，创客教育中的学习活动也应在遵循学生认知能力发展规律、知识的生成逻辑规律的基础上进行设计。为弥补传统经验式学习模式设计的弊端，提升创客教育的科学性与规范性，中学创客教育有待构建序列化的学习活动，利用科学的方法揭示学习活动之间隐含的因果逻辑关系，将创客教育中无序、离散的学习活动进行分析、排序，形成多级递阶的序列化学习活动模型，可为教师设计科学高效的创客教学提供科学依据，为促进学生的有效学习，实现知行创的融合发展明晰方向。

第二节 研究目的和意义

一 研究目的

本书关于中学创客教育中序列化学习活动模型研究立足于中学创客教育，针对实践中创客学习活动设计与安排存在的"学习活动设计同质化""学习活动设计数量单一""学习活动设计割裂化"等问题，将利用科学的方法探究创客教育中各种学习活动之间的因果逻辑关系，并依据逻辑关系，构建出循序渐进、环环相扣的中学创客教育中序列化学习活动模型，提出针对上述问题的解决策略，以提升教师设计创客教育的有效性，推动学生知行创的融合发展。

二 研究意义

（一）理论意义

研究者多采用文献研究、调查研究及行动研究等方法，结合教学

---

① 饶书林、田友谊：《创客教育本质的悖离与回归》，《中国教育学刊》2017年第9期。

经验，利用逻辑推理的方式设计教学或学习模式。但是，基于该方法形成的教学或学习模式科学性、系统性薄弱，易折损学生的深层思考。本书关于中学创客教育中序列化学习活动模型设计研究则利用解释结构模型法探究中学创客教育中学习活动的因果逻辑关系，可提升创客教育的科学性，丰富创客教育理论成果。

（二）实践意义

本书形成的具有可操作性、生成性特征的中学创客教育序列化学习活动模型，可为中学一线教师设计有效的创客教学或学习提供参考。在实践中，教师可依据各个学习活动之间的逻辑关联性，结合课堂需要，自主设计多元、科学、符合学生身心发展规律和知识学习逻辑的学习活动流程，改变创客教育学习活动"杂、多、乱、浅"的设计现状，促进学生知行创的融合发展。

第三节 概念界定

一 创客教育

学者从多视角、多层面深入分析了创客教育的内涵和概念，其概念大致可以分为创客的教育、创客式教育两类①。其中创客的教育是狭义层面的创客教育，是指在创客空间中，以培养青少年创客为目的的教育类型②；创客式教育是广义层面的创客教育，是指面向全人发展，应用创客的理念或方式去改造教育，培养个体 DIY、创造能力和分享精神的教育取向③。

本书所探究的创客教育是指广义层面的创客教育，属于创客式的教育。本书在参考《义务教育课程方案和课程标准》（2022年版）课程理念以及杨现民等对创客教育表述的基础上，对创客教育进行了界

---

① 杨现民、李冀红：《创客教育的价值潜能及其争议》，《现代远程教育研究》2015年第2期。
② 钟柏昌：《谈创客教育的背景、本质、形式与支持系统》，《现代教育技术》2016年第6期。
③ 王佑镁、王晓静、包雪：《创客教育连续统：激活众创时代的创新基因》，《现代远程教育研究》2015年第5期。

定,认为创客教育是秉持"开放创新、探究体验"的理念,引导学生在项目式的学习活动中"做中学""用中学""创中学",进而实现知行创融合发展的一种教育方式。

二 学习活动

学习活动是构成教学模式的最小单位,也是教学设计的最佳分析单元[1]。学习活动更强调学生在情境中主动、有目的地建构、探索与改造知识,更侧重于学生在情境中实现"学"的有效发生,促进知识、能力与态度的整体提升。对于学习活动的定义,学界还未达成共识,但主要可以归结为交互说[2]、环节说[3]、结果说[4]、操作说[5]等几类。基于对上述学习活动内涵的理解,笔者以学习活动交互说和学习活动结果说为界定依据,将学习活动界定为:为了实现既定的学习目标,学习者与学习环境之间进行的有目的的交互行为。

针对本书关于学习活动的定义,需要明确以下几点:(1)概念中的学习环境指广义的学习环境,既包括创客空间、开源硬件及创客学习资源等物质环境、课堂管理规则等制度环境,也包括教师、同伴等人际环境;(2)概念中所指的学习活动不仅包括学生"学"的行动操作,也包括教师"教"的行动操作,但更侧重于从学生视角出发,强调在情境中学生学习的真正发生;(3)概念中所指的学习活动不仅包括外显的学习活动,还包括内隐的学习活动,是知行创融合理念下涉及创新意识、创新思维、创新能力培养的学习活动的总和。

---

[1] 李松、张进宝、徐玮:《在线学习活动设计研究》,《现代远程教育研究》2010年第4期。

[2] Diamond S., & Irwin, "Using E-learning for Student Sustainability Literacy: Framework and Review", *International Journal of Sustainability in Higher Education*, Vol. 14, No. 14, 2013, pp. 338–348.

[3] 孔维宏、高瑞利:《基于 Moodle 的混合式学习设计与实践研究》,《中国电化教育》2008年第2期。

[4] 杨开城:《以学习活动为中心的教学设计理论——教学设计理论的新探索》,电子工业出版社2005年版,第21—26页。

[5] Helen Beetham & Rhona Sharpe, *Rethinking Pedagogy for a Digital Age: Designing and Delivering E-learning*, London: Routledge, 2007.

三 序列化学习活动

《现代汉语词典》将"序列"定义为"按次序排列好的行列";将"化"定义为"使……呈现某种状态"①。那么,序列化学习活动就是使各个学习活动之间呈现出循序渐进、环环相扣的科学状态。

相较于综合化、情感化等设计理念关注事物本身,序列化设计理念则更加关注事物与事物之间的逻辑关系。为了强化教学或学习设计中的"逻辑",教育领域引入了多个设计理念,如模块化设计、项目化设计等。为深入了解各设计理念的内涵,对各设计理念加以区分,笔者总结了各设计理念的主要内容(如表1-1所示)。

表1-1　　　　　　　　教育领域的设计理念

设计理念	面向的对象	主要内容
模块化设计	课程、教学内容	课程的模块化设计侧重于将复杂的课程系统分解成具有不同功能但彼此之间有一定衔接关系的"微课程",并通过"微课程"的组合实现既定目标②
项目化设计	教学、学习、课程	学习课程项目化指将学科知识进行项目式转化,即根据学科所要达到的目标,围绕学科的核心概念和基本原理,组织起相应的项目及其学习活动,将学科课程改造成项目式课程③
结构化设计	学习活动、学习模式、教学课件、教材、教学方案微课、实验、网络课程、教学单元	教学的结构化设计指依据学习者已有经验,在对知识结构整体认识的基础上,分析学科核心概念、基本问题、事实性知识、学科分解概念等内容之间的联系,并依据其逻辑关系连接组合的过程④

---

① 中国社会科学院语言研究所词典编辑室编:《现代汉语词典(第6版)》,商务印书馆2012年版,第1471页。
② 袁强:《教师教育类课程模块化设计与实施——基于卓越教师培养的视角》,《课程·教材·教法》2015年第6期。
③ 张文兰、张思琦、林君芬、吴琼、陈淑兰:《网络环境下基于课程重构理念的项目式学习设计与实践研究》,《电化教育研究》2016年第2期;袁磊、张昱昕:《学科课程项目化:STEAM课程内容设计》,《开放教育研究》2019年第1期。
④ 杨敏:《初中数学章节起始课的结构化教学设计研究》,硕士学位论文,陕西师范大学,2018年。

续表

设计理念	面向的对象	主要内容
序列化设计	作文教学、语文阅读、德育、心理健康	思想政治教育内容序列化指依据学生品德发展的阶段性、顺序性以及相对稳定性，将日常思想政治教育内容根据学段、年级进行分解细化的过程①

知识结构与学生的思维结构有着本质的不同。创客教育的知识结构多以分布式的网状呈现，但学生的思维结构是由一个个节点串联而成的思维逻辑脉络，是以"线性"形式呈现的②。作为具有顺序性和逻辑性特点的相对静态的操作依据，"序列化"设计理念可被用来强化创客教育中不同学习活动之间的逻辑关系，即以学生思维深化的过程为参照开展序列化的学习活动设计，明确学习活动之间的逻辑组织关系，强化不同学习活动在整体上和相互间的关联性和适应性，使学生学习从无序走向有序，呈现出循序渐进、环环相扣的科学状态。

第四节　理论基础

一　发生建构主义理论

皮亚杰从"逻辑数学范畴""物理范畴"两个范畴，揭示了知识发生的内在运动机制，构建了发生建构主义理论。该理论认为，知识与思维具有内在一致性，知识从属于思维，思维以知识为基础；知识结构从属于思维结构，思维的水平决定了知识结构的状态和水平，思维的实现又以知识结构为基础。在知识观方面，发生建构主义理论坚持"发生过程说"，认为知识建构的本质在于知识发生的当下，认识主体内部呈现知识与思维运动、建构、不断螺旋上升的过程③。在教

---

① 郑敬斌：《学校日常思想政治教育内容序列化建设构想》，《东北师大学报》（哲学社会科学版）2014年第2期。
② 白倩、冯友梅、沈书生等：《重识与重估：皮亚杰发生建构论及其视野中的学习理论》，《华东师范大学学报》（教育科学版）2020年第3期。
③ 白倩、冯友梅、沈书生等：《重识与重估：皮亚杰发生建构论及其视野中的学习理论》，《华东师范大学学报》（教育科学版）2020年第3期。

学观方面，发生建构主义理论指出，教师应试图寻找"知识""思维"的关联，关注学习者问题解决的过程，关注学习者的"逻辑的动态运行"过程。

在学习观方面，发生建构主义理论立足于具身哲学培养"身体"和"思维"合一的全人，认为学习过程是由每一个"当下"的学习发生所构成的，即每一个"当下"都分别对应每个学习者内部的知识结构和思维结构，并决定了下一个"当下"学习者将以什么状态的知识结构和思维结构展开学习[①]。同时，该理论还探究了学习的本质，认为学习的本质是学习者内部的知识结构与思维结构发生变化，从单点结构逐步向关联结构甚至是抽象拓展结构螺旋上升的过程；明确了"深度学习"的内涵，认为深度学习不注重学习发生的过程中每个"当下"的深度，而关注由每个"当下"不断交替所构成的学习过程所达到的深度。

基于发生建构主义理论的知识观、教学观与学习观，中学创客教育中序列化学习活动模型研究将关注学生在创客教育中思维螺旋上升的过程，强化学习之间的关联性、过程性与生成性，并通过序列化学习活动模型的设计，推动学习者"逻辑的动态运行"，实现学生的深层学习，推动学生知行创的融合发展。

二 知行创融合理论

知行创融合理论是知行合一理论的重要延续。其中，知行合一理论强调"知"与"行"互为基础、相互促进；"知"与"行"相互包含，相互转化；"知"与"行"对立统一，合而为一。我国对于知行合一理论的探讨最早可以追溯到宋元之际儒学家金履祥所著的《论语集注考证》，后来王阳明针对当时教育领域存在的弊病，提出知行合一的理念，指出"行是知之始，知是行之成"，并将知行合一的思想发扬光大。教育家陶行知结合王阳明相关思想，提出了"教学做合

---

① 白倩：《发生建构论视野中的学习理论研究——从知识观到教学观的演绎》，博士学位论文，南京师范大学，2021年。

一"的教学方法论原则，认为"行"是知识的重要来源，教育必须从行动开始，而以创造完成。此外，国外学者杜威也依据"知行合于一行"的思想，提出了"做中学"的理念。

发展到现代，我国学者陈琳等结合陶行知关于知行的论述，从广义层面定义了"行"，认为"行"不仅指活动与实践的探索，还应该包括创新创造，并指出在智能创新时代，更应该促进知行创合一[①]。在智能时代，以"开放创新、探究体验"为主要特征的创客教育也需要引导学生在实践、探究与体验中实现知行创的融合发展。因此，立足于知行创融合理论，明确了中学创客教育序列化学习活动模型设计的目标指向——知行创融合的人才培养。

三 情境认知学习理论

情境认知理论关注自然状态下学生知识的获得与学习发生，认为学生的学习具有情境性、真实性、实践性、探究性和主动性等特点[②]。该理论还揭示了知识的本质，认为知识是解决各种具体情境问题的思维能力构建，通过在情景化的学习活动中不断地运用和发展，通过实践活动的体验，才能实现有效的知识迁移，实现知行合一[③]。此外，该理论还强调社会文化情境、共同体对于学生学习的重要性，并认为个体与环境是学习生态系统中的重要因素；共同体学习可以促进学生的有意义学习。

中学创客教育中序列化学习活动模型设计立足于情境认知学习理论，旨在通过对情境性学习活动因果逻辑关系的探寻，促进学生知识的迁移与转化，引导学生成为知行创融合的人才。同时，情境认知理论对于共同体及社会情境的关注和推动序列化学习活动模型在实践中应用也具有重要的理论价值。

---

① 陈琳、陈耀华、毛文秀等：《教育信息化何以引领教育现代化？——中国教育信息化25年回眸与展望》，《远程教育杂志》2020年第4期。

② 刘义、高芳：《情境认知学习理论与情境认知教学模式简析》，《教育探索》2010年第6期。

③ 王文静：《情境认知与学习理论研究述评》，《全球教育展望》2002年第1期。

四 戴尔"经验之塔"理论

"经验之塔"理论依据学习经验的具体和抽象程度将学习经验划分为 11 个层次,并分为"做的经验""观察的经验""抽象的经验"三类①(如图 1-1 所示)。该理论指出,既要重视做的经验,又要重视抽象的经验;最底层的经验最具体,最顶层的经验最抽象;教学就是引导学生将具体的经验转化为抽象的经验;位于中间塔层的"观察的经验"是连接"做的经验"和"抽象的经验"的桥梁②。

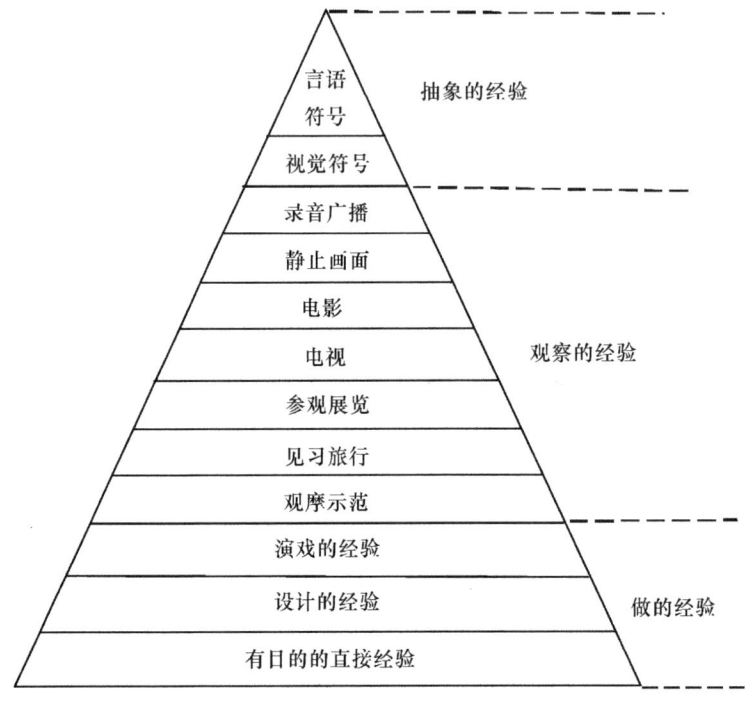

图 1-1 戴尔"经验之塔"模型

戴尔"经验之塔"理论为开展中学创客教育中序列化学习活动模型研究提供了应遵循的认识规律,即序列化学习活动模型应符合学生

---

① 汪基德:《现代教育技术》,高等教育出版社 2011 年版,第 4—6 页。
② 高亮:《谈视听教育理论中的"经验之塔"》,《赤峰教育学院学报》1999 年第 4 期。

从感性认识到理性认识的规律，引导学生将"做的经验"转化为"抽象的经验"。

第五节　研究思路与方法

一　研究思路

首先，本书将在分析中学创客教育研究、中学创客教育中学习活动研究、中学创客教育中序列化学习活动研究的基础上，提出序列化学习活动模型的构想；其次，利用文献研究法、案例研究法及课堂观察法识别并确定中学创客教育中的学习活动，并利用解释结构模型法构建中学创客教育序列化学习活动模型；再次，面向教学实践，利用访谈法访谈师生，验证与完善序列化学习活动模型；最后，立足于多个主体，提出模型应用与推广的建议。具体的研究思路如图1-2所示。

二　研究方法

（一）文献研究法

中学创客教育中序列化学习活动模型设计研究将利用文献研究法梳理中学创客教育、中学创客教育中学习活动及中学创客教育中序列化学习活动的研究现状，从期刊论文、学位论文、图书、报刊及相关政策文件等资料中，分析和提取中学创客教育中的学习活动，探究两个学习活动之间存在的"直接顺序"关系，为构建学习活动邻接矩阵提供依据。

（二）解释结构模型法

解释结构模型法是系统工程学中常用的系统结构分析方法[1]，它依据离散数学理论，借助二维矩阵数学运算方法，将系统单元之间的复杂、凌乱的关系分解成多级递阶、清晰的结构，并精确分析出各个要素之间的逻辑关系[2]。利用解释结构模型法构建序列化学习活动模

---

[1] 沈霄凤、范云欢主编：《教育信息处理应用》，华东师范大学出版社2012年版，第67—68页。

[2] 张雪燕、孙立新：《基于解释结构模型的开放教育学生在线学习满意度的影响因素研究》，《成人教育》2022年第3期。

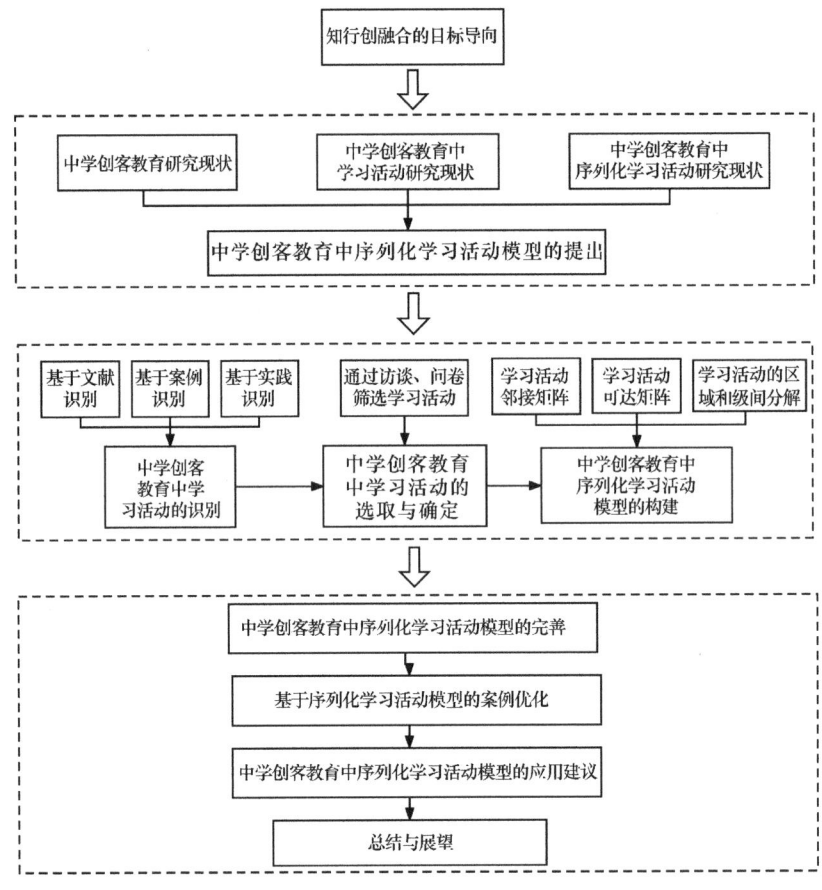

图1-2　中学创客教育中序列化学习活动模型设计的研究框架

型，可以更好地探究学习活动之间的逻辑关系，引导学生在循序渐进的学习过程中实现知行创的融合发展。

(三) 访谈法

中学创客教育中序列化学习活动模型研究将利用访谈法对创客教育领域的专家及实践者进行电话访谈或微信访谈，引导专家对文献、案例及实践中识别出的学习活动进行补充与修订，确定中学创客教育中代表性学习活动；利用访谈法访谈一线教师与学生，验证序列化学习活动模型的有效性，对序列化学习活动模型进行补充与完善。

（四）问卷调查法

中学创客教育中序列化学习活动模型研究将编制学习活动专家识别问卷并发放给创客领域的专家学者，引导其对文献、案例及实践中识别出的学习活动进行补充与修订，从而确定中学创客教育中代表性学习活动；编制学习活动"直接顺序"专家判断问卷，引导专家判断任意两个学习活动之间的"直接顺序"关系，为构建中学创客教育中序列化学习活动模型邻接矩阵做准备。

（五）案例研究法

一方面，本书将利用案例研究法梳理中学创客教育典型案例中的学习活动，为构建中学创客教育中序列化学习活动模型提供支撑；另一方面，在序列化学习活动模型构建形成后，选取典型的创客教育案例，结合知行创融合的序列化设计理念对案例作进一步的补充与完善。

（六）课堂观察法

课堂观察法是研究者在自然条件下对研究对象进行的有目的、有计划的观察、记录与分析。中学创客教育中序列化学习活动模型研究将选取具有代表性的中学创客教育课堂实录，对创客教育课堂中所呈现的学习活动进行识别与分析，为后续构建序列化学习活动模型提供支撑。

（七）专家会议法

专家会议法是医学领域用于辅助复杂决策过程的研究方法。该方法要求筛选经验丰富的专家组成专家小组，通过对相关专家或群体进行面对面互动交流的方式，阐明其自身观点，明确其自身的判断依据，集思广益，形成最终的预测性结果。本书将利用专家会议法辅助分析中学创客教育中学习活动之间的"直接顺序"。同时，针对争议性较大的学习活动"直接顺序"关系，将通过召开专家会议的方式进行讨论确定，以确保后续序列化学习活动模型的可靠性。

第二章 创客教育何以促进学生知行创的融合发展

第一节 创客教育中知识与行动的关系研究：促进创新型人才培养*

作为创新型人才培养的重要路径，创客教育在发展过程中存在着重知识轻行动、重行动轻知识等极端现象。如何平衡知识与行动的关系，实现知识行动化、行动知识化，成为创客教育发展的关键。笔者首先，分析创客教育研究现状，反思创客教育中知识与行动的关系；其次，从知识与行动视角，将创客教育分为强知识弱行动类、弱知识弱行动类、弱知识强行动类以及强知识强行动类四类，并对不同类型创客教育的特征进行分析；再次，从知识与行动关系视角出发，提出知识行动化是教师设计富有知识意蕴实践活动的过程，行动知识化是学生在实践活动中反思和创新知识的过程，二者将相互促进，共同支持创新型人才培养；最后，形成创客教育中知识维度和行动维度的关系矩阵，并针对学校、教师、家长及学生提出创客教育的优化建议。

人才是衡量国家综合国力的重要指标。作为以素养为导向的新型教育模式，创客教育秉持"开放创新、探究体验"的理念，以"创造中学"为主要学习方式，以培养创新型人才为目的[①]，被视为育人的

---

* 本节内容主要参考赵慧臣、李琳《创客教育中知识与行动的关系研究：促进创新型人才培养》，《电化教育研究》2022年第12期。

① 杨现民、李冀红：《创客教育的价值潜能及其争议》，《现代远程教育研究》2015年第2期。

重要路径。然而，在创客教育实施过程中，一方面，由于受主客体分离、身心分离的客观认识论的深刻影响，部分教师在实践中将知识独立于情境与操作之外，并以知识传授的方式开展教学①，导致创客教育出现了重知识轻行动的现象。另一方面，受行动论研究思潮影响，部分教师在创客教育实践中又走向了重实践操作而忽视学生知识学习的极端，导致学生在创客教育中"有做而无学"。

2022年，《教育部关于印发义务教育课程方案和课程标准（2022版）的通知》指出，课程教学要促进"做中学""用中学""创中学"，加强知行合一、学思结合，以变革育人方式②。因此，如何解决创客教育教学实践中出现的问题、平衡创客教育中知识与行动的关系，做到以知促行、以行求知、知行合一，实现创新型人才的培养，成为创客教育质量提升的关键。

一 创客教育中知识与行动关系的反思

聚焦于创客教育知识研究，在知识视角下的创客教育研究方面，何晓庆基于知识创新视角构建了创客教育与信息检索课程融合模型③；杨绪辉基于知识建构视角设计了以"观点的持续改进"为重心的创客教育实施路径④。在创客教育的知识组成研究方面，石晋阳等指出默会知识对于开展创客教育的重要意义⑤；梁炜等指出学生对原理知识、经验知识和知识情境有较大需求⑥。在创客教师的知识研究方面，龙

---

① 张良：《具身认知理论视域中课程知识观的重建》，《课程·教材·教法》2016年第3期。
② 中华人民共和国教育部：《教育部关于印发义务教育课程方案和课程标准（2022年版）的通知》，http://www.moe.gov.cn/srcsite/A26/s8001/202204/t20220420_619921.html，2022年5月16日。
③ 何晓庆：《基于知识创新的创客教育与信息检索课程融合》，《现代远程教育研究》2018年第4期。
④ 杨绪辉：《知识建构视角下创客教育的有效开展》，《电化教育研究》2017年第5期。
⑤ 石晋阳、陈刚：《论创客教育的默会知识论基础：反思与重构》，《电化教育研究》2017年第4期。
⑥ 梁炜、卢章平、刘桂锋等：《基于扎根理论的创客知识需求研究》，《图书情报工作》2018年第10期。

丽嫱等构建了创客教师的知识结构框架[①]；蔡慧英等探究了智能时代影响创客教师知识发展的因素[②]。

聚焦于创客教育行动研究，在创客学习活动的设计与实施研究方面，林昭汝设计并实施了校园缤纷湖水质研究、校园植物挂牌制作等高中生物学活动[③]；张晓基于乐高4C教学法，利用Arduino机器人设计了"温湿度报警器的设计与制作"活动[④]。在创客学习活动的行动策略研究方面，钟柏昌等指出动态分组策略有利于提升学生在机器人教育中的合作能力[⑤]；陈翠等指出引导式、探究式教学法对提升幼儿编程学习效果最佳[⑥]。在创客教育参与度研究方面，许梦指出学生在创客教育中行为参与程度最高，情感参与次之，而认知参与的程度最低[⑦]。丁晓梅指出不同年级学生在行为参与度上存在显著差异，而在认知参与和情感参与度上不存在显著差异[⑧]。

反思当前创客教育研究发现，既有围绕创客教育中知识方面的研究，也有围绕创客教育中行动方面的研究，但围绕创客教育中知识与行动，分析两者之间关系并探究其如何转化的研究相对单薄。知是行之始，行是知之成。为此，本书将聚焦于创客教育中知识与行动之间的关系，从创新人才培养角度探究创客教育中知识与行动的转化路径。

---

① 龙丽嫱、梁志成、尹睿：《创客教师知识结构框架的构建与生成机理分析》，《电化教育研究》2020年第9期。

② 蔡慧英、谢作如、李渔迎等：《创客教育教师准备好了吗——智能时代创客教师知识发展的影响因素探析》，《远程教育杂志》2019年第3期。

③ 林昭汝：《创客教育视野下高中生物学活动课程设计与实践研究》，硕士学位论文，浙江师范大学，2017年。

④ 张晓：《基于乐高4C教学法的高中Arduino机器人教学设计与实践研究》，硕士学位论文，东北师范大学，2018年。

⑤ 钟柏昌、黄水艳：《动态分组策略在大学生机器人教育中的应用》，《现代教育技术》2022年第3期。

⑥ 陈翠、郑渊全、时松：《不同探究式教学法对幼儿编程学习的影响》，《学前教育研究》2021年第3期。

⑦ 许梦：《创客课程中学生参与度和学习绩效的关系研究》，硕士学位论文，华中师范大学，2021年。

⑧ 丁晓梅：《小学创客教育中学生参与度及影响因素研究》，硕士学位论文，山东师范大学，2018年。

二 创客教育的分类：基于知识与行动视角

分析创客教育中知识与行动之间的关系，首先需要探究知识与行动视角下创客教育的类型。以知识强弱为横坐标，行动强弱为纵坐标，将创客教育划分为强知识弱行动类、弱知识弱行动类、弱知识强行动类以及强知识强行动类四类，并分析不同类型创客教育的特点（如图2-1所示）。

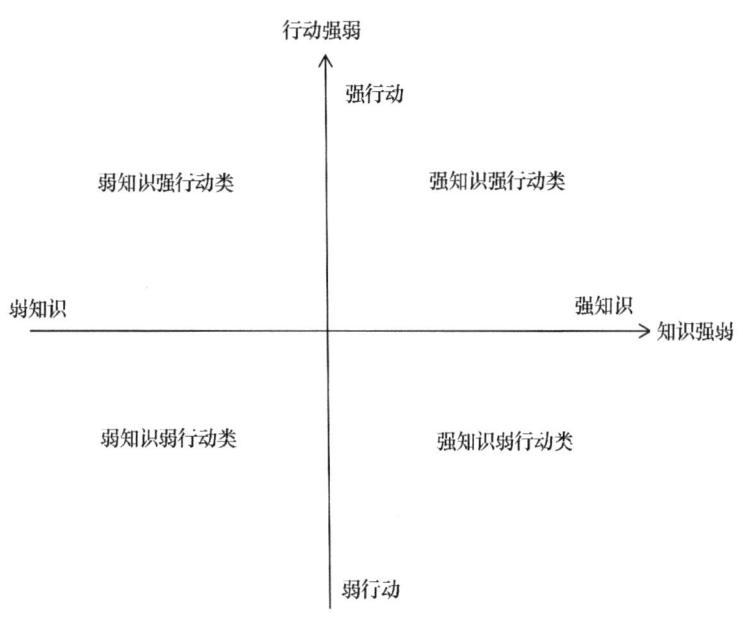

图 2-1 基于知识与行动视角的创客教育分类

（一）强知识弱行动类创客教育：知识教育模式下的创客教育

强知识弱行动类的创客教育基于知识教育模式开展创客教育，注重系统知识的传授，忽视学生在创客实践活动中的行动体验，使得学生的学习停于书面，止于实践，成为"思想上的巨人，行动上的矮子"，背离了创客教育的本质。

在教学设计中，该类创客教育从知识实体论出发，以知识为中心进行设计，并将教学内容抽离成教学重难点，认为通过知识要点的讲解，便可让学生掌握创客教育中知识，提高其自身能力。在教学实施中，受以结果为导向的教学理念等多重因素影响，该类创客教育仍沿用知识讲授法传播教学内容，认为学生自身具备将知识转化为实践操作的能力。在教学评价中，该类创客教育沿用传统课程中书面考试的方式评估学生的成果。从本质上而言，该类创客教育评价模式评估更多的是学生对知识的记忆能力，而非创新创造能力。

（二）弱知识弱行动类创客教育：知识及行动均薄弱的创客教育

离开行动的知识是空想，没有知识的行动是盲动①。从本质上而言，弱知识弱行动类创客教育更像是一种形式化的创客教育，是部分学校为突出政绩而构建的形象工程。在教学设计中，该类创客教育忽视知识与行动之间的联系，未依据学生学习的逻辑、创客教育的相关理念及相关标准设计教学内容及活动。在教学实施中，该类创客教育既未给予学生更多的行动空间让其充分利用创客工具开展实践活动，创作出创意产品，也未赋予创客实践更多的知识性，帮助学生在行动中内化、迁移和创新知识。在教学评价中，该类创客教育并未有明确的评价标准和评价指标体系，部分创客教师甚至以学生在其他学科课程中成绩的优劣，来评判其在创客活动中的表现。

（三）弱知识强行动类创客教育：以动手操作为主导的创客教育

行为不等同于行动，行动是由意向性引导的物理运动②。弱知识强行动类创客教育将主体地位绝对化，把主体意识回归的创客教育变成了主体放任自流的课堂，过分弱化教师的作用。这种无知识学习目的的创客教育并非真正意义上的创客教育，而是由学生大量无序、盲目行为组成的操作课程。

在教学设计中，由于部分学校及教师对于创客教育定位和认识的偏差，创客教师设计了多元的创客学习活动，但在实践过程中却未赋予其一定的知识意蕴。在教学实施中，创客教师无序地引导学生参与创客活动，操作和使用数字化工具设备，学生受好奇心的驱使，与小

---

① 黄英杰：《杜威的"做中学"新释》，《课程·教材·教法》2015年第6期。
② 张帆：《科学、知识与行动——柯林斯的科学哲学思想研究》，博士学位论文，山西大学，2010年。

组成员在创客活动中积累了丰富的感性认识,但此时创客教师却未因势利导,引导学生在实践中体悟和反思行动背后所隐含的知识。学习结束后,学生留下更多的是对于数字化学习工具模糊的"手感",没有实质性的知识。在教学评价中,该类创客教师侧重从技术角度、作品制作效率等角度评价学生的创客成果,忽视学生作品中所蕴含的认知因素与能力因素。

(四)强知识强行动类创客教育:理想的创客教育

强知识强行动类创客教育融会知识与行动,实现了学做创的有效统一[1]。该类创客教育既重视开展各式各样、贴合学生生活实际、符合学生学习规律的创客实践活动,更强调引导学生在活动中反思,实现经验的转化,灵活地迁移、应用和创新知识。

在教学设计中,该类创客教师可以依据学生的学习规律设计出一系列多元、异质、渐进的跨学科创客学习活动,并将知识学习、能力提升、核心素养发展贯穿其中。在教学实施中,该类创客教师会事先明确相关课程所需掌握的内容及所需达成的目标,在实践活动中发挥教学支架的作用,鼓励学生整合知识,进行创意制作,引导学生在渐进的活动实践中不断内化、反思和改进"实践中的知识"。在教学评价中,该类创客教师利用多重方式评估学生在创客活动中的成果,既关注学生对知识内容的掌握程度、创客作品内涵、创意及效率等因素,也关注学生责任担当、实践创新等核心素养要素的发展情况。

三 创客教育中知识与行动关系的分析

不同于主体价值论过分注重主观感知,客体价值论过分关注事物的本质特征,关系价值论从主客体关系出发理解和把握事物的价值[2],为分析创客教育中知识与行动的关系提供了方法路径。为此,本书将聚焦于创客教育中教师的教学过程及学生的学习过程,立足关系价值

---

[1] 丁美荣、王同聚:《人工智能教学中"知识建构、STEM、创客"三位一体教学模型的设计与应用》,《电化教育研究》2021年第4期。
[2] 颜士刚:《技术的教育价值的实现与创造研究》,博士学位论文,南京师范大学,2007年。

论分析创客教育中知识与行动之间的关系,以促进知识与行动的转化。

(一) 创客教育中知识与行动之间密不可分

一方面,创客教育中的知识富有行动的特性,知识的学习离不开行动。从表述形式上,知识可分为陈述性知识和程序性知识;从传递的难易程度上,知识可分为明述知识和默会知识①。对于陈述性知识和明述知识,学生可更多地利用同化的方式掌握。然而,创客教育中充斥着大量的程序性知识和默会知识,若想获取该类知识,实践与行动才是关键。

另一方面,行动富有知识的特性,知识是创客教育中行动的前提、过程与结果②。创客教育中实践行动的开展需要以一定的知识为基础。同时,在行动过程中,个体可以通过做中学,在体验与反思中迁移、应用和创新知识,并最终将新知识纳入已有认知体系,丰富完善知识结构。

(二) 知识行动化:教师设计富有知识意蕴的实践活动

行动对于学习具有重要意义。在创客教育中,学生所面临的是真实场景的复杂问题,依靠传统讲授式的灌输教学难以帮助学生迁移、应用和创新创客教育中的抽象、复杂知识。然而,若在创客教育中注重将知识行动化,设计富有知识意蕴并且贴合学生生活的实践活动,可使抽象知识具体化,将会更好地提升学生的创新能力。

1. 创客教育中知识行动化的内涵

知识是持续地改造、构成与再构成的过程③,身体经验和视听教学相结合可以促进知识的传递,扩展学生对知识掌握的深度、广度与灵活度④。创客教育中知识的行动化指教师在教学设计、实施、评估

---

① 张东娇:《看见与听见:学校文化的意会与言传——兼论波兰尼的默会知识观及其启示》,《教育研究》2017年第9期。
② 郭强:《知识与行动:一种结构性关联——对吉登斯结构化理论的改造性阐释》,博士学位论文,上海大学,2005年。
③ 陈醒、赵彦彬:《库伯经验学习理论及其对成人教师专业发展的启示》,《河北大学成人教育学院学报》2014年第3期。
④ 贾丽娜、田良臣、王靖等:《具身教学的设计研究——基于身体参与的多通道整合视角》,《远程教育杂志》2016年第1期。

中将行动的规律与特点作用于知识,赋予知识以行动意蕴,以行动的方式引导学生学习知识的过程。在实践中,教师可依据学生学习的逻辑,将教学内容设计形成多元、异质、渐进的跨学科学习活动序列,并在活动中引导学生在自主探究和合作探究中迸发创意、自主造物,实现动手、动脑、动心。

2. 创客教育中知识行动化的案例

ABCya网站的创客游戏可帮助我们进一步明晰创客教育中知识行动化的内涵。在该游戏中,教师结合学生的生活实际,将知识浸润于学习活动中,依据学生的学习规律进行游戏设计。该创客游戏将每一阶段划分为词汇游戏、数学游戏、节日游戏、策略游戏和技能五个模块,如技能模块以生活中其他常见的事物和活动为主题,围绕教、学、练、评等角度,开设了"制作蛋糕""建造房屋""制作机器人""去旅行"等操作类游戏,这类游戏贴近日常生活,不仅为学生提供了动手实践的机会,还锻炼了学生的思维能力、想象力与创造力,让他们在轻松的游戏环境中沉浸式地探究,在参与中实现知识学习的自然发生[①]。

(三)行动知识化:学生在实践活动中反思和创新知识

行动是创客教育的重要方式。学生不仅要参与、体验多元化的实践活动,还需要将行动中获得的实践经验通过不断内化、整合及反思等将行动知识化,实现知识的融会贯通和应用创新。

1. 创客教育中行动知识化的内涵

行动知识化指在教师的引导下,学生在创客实践中将行动中所获得的无序的、非系统化的学习经验及感性认识加以组织,沿着实践—反思—再实践—再反思的路径,整合形成有序且系统化的学习知识和行动知识,以拓展其自身知识体系的过程。在教师将知识行动化后,学生通过观摩、倾听等方式,建立新旧知识之间的联系;通过练习和模仿内化知识,不断验证和修正头脑中的知识框架;通过问题探究,

---

① 马颖峰、付亚丽:《基于Conceptual Play Spaces理论的教育游戏设计——探究式教育游戏的情境设计》,《电化教育研究》2012年第9期。

整合知识,并在作品的制作和优化过程中实现知识的迁移、应用和创新。

2. 创客教育中行动知识化的案例

BrainPOP Jr 提供的创客游戏 Fire Safety 可帮助我们进一步明晰创客教育中行动知识化的内涵。Fire Safety 创客游戏在学习中创设机器人 MOBY 与 JIM 对话的情境,提供真实的环境体验,围绕某个概念,借助一系列有序的学习活动来教授知识,让学生在行动中内化、迁移和应用知识。此外,该创客游戏中还配备了相应的辅助学习工具,协助学生在行动中学习(如图 2-2 所示)。其中,画出学习成果(Draw about it)要求学生将学习到的知识以可视化形式加以呈现,促进知识的条理化及系统化;讨论交流(Talk about it)要求学生在虚拟社区中与他人交流互动,在完善其自身知识结构的同时,培养学生生存、生活能力及交流沟通能力。

图 2-2 创客游戏中促进行动知识化的学习活动

(四)知识行动化与行动知识化协同促进创新型人才培养

行之力则知愈进,知之深则行愈达。在创客教育中,以创客教师为主导的知识行动化和以学生为主体的行动知识化之间相辅相成,密不可分,共同支持创新型人才培养(如图 2-3 所示)。

首先,教师需要将知识行动化,以支持学生参与、体验创客学习活动。在知识行动化过程中,创客教师需要依据学生的学习规律,赋予知识以实践内涵,将知识设计成多元、异质、渐进的跨学科学习活动序列供学生开展创客学习探索。其次,学生在教师设计的调查研究、方案设计、原型制作及优化迭代等学习活动中进行实践体验,并在模仿、练习和体验中监控、反思和创新其自身学习过程,转化经验、习得知识并不断促进知识的迁移、应用及创新,逐步实现行动的知识化。最后,教师可依据学生行动知识化的效果,进一步改进和优化知识行

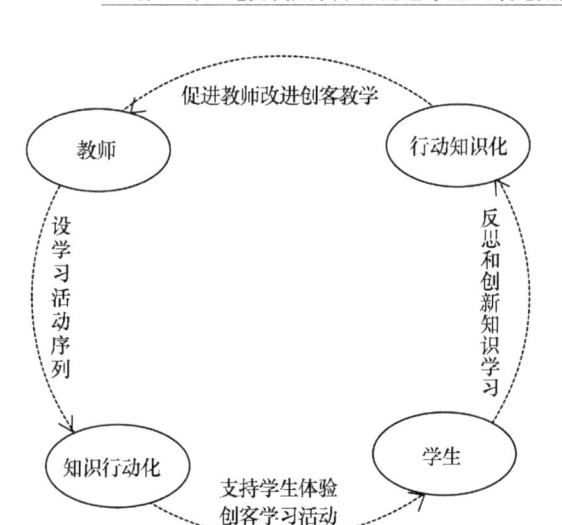

图 2-3 创客教育中知识行动化与行动知识化之间的关系

动化过程，从而让后续创客学习活动设计更符合学生的需求，更有利于达成创新人才培养的目标。

四 创客教育中知识与行动的关系矩阵

构建创客教育中知识维度及行动维度的关系矩阵，可以更好地助推知识与行动之间的转化（如表 2-1 所示）。其中，参考陈琦等[1]对于知识学习过程的阶段划分，确定关系矩阵中的知识维度；参考陈鹏[2]、任建峰等[3]基于设计思维构建的创客学习过程模型、面向创新思维培养的学习活动模型，确定了关系矩阵中的行动维度。其中，在关系矩阵中，"+"表示知识维度要素与行动维度要素之间存在强相关关系，"-"表示两者存在弱相关关系。

---

[1] 陈琦、刘儒德主编：《当代教育心理学》，北京师范大学出版社 2007 年版，第 247—248 页。
[2] 陈鹏：《创客学习：一种创造有意义学习经历的学习范式》，《现代远程教育研究》2016 年第 6 期。
[3] 任剑锋、祁永珍：《面向创新思维培养的小学课程学习活动设计》，《电化教育研究》2020 年第 3 期。

表2-1　　　创客教育中知识维度与行动维度的关系矩阵

知识维度＼行动维度	需求调查	样例体验	方案设计	原型制作	迭代优化	作品评价
知识识别	+	+		-	-	
知识内化		+	-			+
知识整合	-		+			
知识迁移	-	+		+		
知识应用			-		+	
知识创新		-		+		+

（一）知识识别：学生在需求调查和样例体验中明确知识内容

知识识别指学生对知识内容及表征形式的辨别，该过程与需求调查和样例体验存在强关联。在需求调查中，教师和学生需要收集多方信息并依据需求确定探究主题，该过程可以帮助学生识别并明确创客教育中知识的内涵与特征；在样例体验中，学生通过观察、倾听、模仿、练习等方式体验样例，注意并识别知识，在脑海中形成有关该内容的知识框架。然而，原型制作是将思路、方案转化为具体的创客作品的过程，迭代优化是对创客作品不断修复与完善的过程，两者均属于较深层次的思维认知，故与知识识别过程存在弱相关关系。

（二）知识内化：学生在样例体验和作品评价中理解与汲取知识

知识内化指学生理解和汲取知识，丰富其自身认知结构以支持开展创新性活动的过程。知识内化贯穿于创客教育的始终，但就关联强度而言，知识内化与样例体验、作品评价存在强相关关系。在样例体验中，学生通过观摩、倾听、模仿、练习等方式，通过同化与顺应建立新旧知识之间的联系；在作品评价中，学生接受同伴与教师的点评与意见，并结合其自身在方案设计、原型制作等过程中所获得的实践经验进行融合内化，进一步丰富其自身认知结构。但是，方案设计是学生将内化的知识在融会贯通的基础上进一步外化的过程，故与知识内化过程存在弱相关关系。

（三）知识整合：学生在方案设计中融会知识并应用于创客实践

知识整合指学生将内部知识进行梳理，融会贯通，使之系统化的过程，该过程与方案设计存在强相关关系。在该过程中，学生需要进一步将内化的、分散的知识进行整合应用、融会贯通，设计形成相应的创客作品方案，以支持后续的原型制作等活动。然而，需求调查涉及更多的是外部信息与知识的搜集、检索与归纳，故与知识整合过程存在弱相关关系。

（四）知识迁移：学生在不同活动的实践中实现知识转化

知识迁移与样例体验和原型制作之间存在强相关关系。在该过程中，学生将先前课程的学习经验迁移至样例体验中，并将在样例体验中学习到的关于创客工具的操作方法、使用步骤等知识进一步迁移到原型制作中，以此类知识为基础进行自主造物和协同造物。此外，由于需求调查不涉及新旧经验之间的相互影响，故与知识迁移之间存在弱相关关系。

（五）知识应用：学生在自主探究和合作探究中制作创客作品

知识应用指学生将已经内化、整合的知识以外化方式呈现的过程。该过程是学生进行知识与行动转化的核心环节，也是检验学生学习成效的关键，其与原型制作存在强相关关系。在原型制作过程中，学生更多的是通过合作探究与自主探究的方式，将设计的制作方案转化为具体的创客作品。此外，由于样例体验是知识内隐转化的过程，故与知识应用之间存在弱相关关系。

（六）知识创新：设计并制作形成独特的创客方案或作品

知识创新是学生在创客活动中发现新事物、创造新方法、解决新问题的思维过程，该过程与方案设计、迭代优化之间存在强相关关系。在方案设计中，学生通过头脑风暴，激发灵感，构想出富有创意的方案或计划；在迭代优化中，学生不断开阔思维，借助创意想法优化设计方案及创客作品功能，使之更富有可用性及创新性。但是，由于样例体验属于低阶行动，不具备新颖性、求异性等特点，故与知识创新过程存在弱相关关系。

五　创客教育中知识与行动关系优化的建议

创客教育不过度地追求成绩分数和知识记忆，而是主张通过创客教育的"行动性"更好地体会"教育性"。然而，促进创客教育中知识与行动的转化，不应仅仅依靠教师，而需要学校、家长、学生等多方力量协同发挥作用。

（一）学校：发挥创客教育中知识与行动互化的保障功能

首先，学校应强化创客空间的分区设计，设计思考区、研讨区、操作区等，既给予学生合作探究空间，也给予学生自我内化、整合知识的空间[①]，促进知行转化。其次，学校应依据学生体验选取合适的创客产品，并兼顾知识性和行动性，即选取符合特定阶段学生特点的创客产品，在满足学生知识学习功能体验的同时，兼顾创客产品的感官体验、生成体验和情感体验，以提升学生行动的积极性。最后，设计思维对于促进创客教师知识行动化具有重要意义，学校应加强创客师资培训，开发设计思维"理念—方法—工具"的课程[②]，探索设计思维进学校及课堂的针对性方案，助力教师形成设计思维，促进教师在创客教育中将知识行动化。

（二）教师：设计多元、异质、渐进的跨学科学习活动序列

作为在知识行动化过程中发挥主导作用的教师，他们应根据学生学习的逻辑设计出一系列多元、异质、渐进的跨学科学习活动序列，使教学呈现出环环相扣、循序渐进的科学状态（如图2-4所示）。其中，学习活动序列是依据规律对学习活动的有序化排列和科学性组合。例如，《中庸·第二十章》中的"博学之，审问之，慎思之，明辨之，笃行之"便是学习活动序列理念的重要体现[③]。

其中，多元指在学习活动的数量方面，教师应设计形式多样及真实情境下的学习活动。异质指在学习活动的类型方面，教师应围绕学、问、思、辨等多方面设计具有不同功能的学习活动。渐进指在学习活动的逻辑方面，教师应依据学生学习的逻辑设计学习活动的顺序，即

[①] 赵慧臣、李彦奇、周昱希：《欧盟创意教室的特征与启示》，《电化教育研究》2016年第8期。

[②] 朱龙、付道明：《设计思维：智能时代教师不可或缺的核心素养》，《电化教育研究》2022年第3期。

[③] 孙培青、杜成宪：《中国教育史》，华东师范大学出版社2015年版，第95—96页。

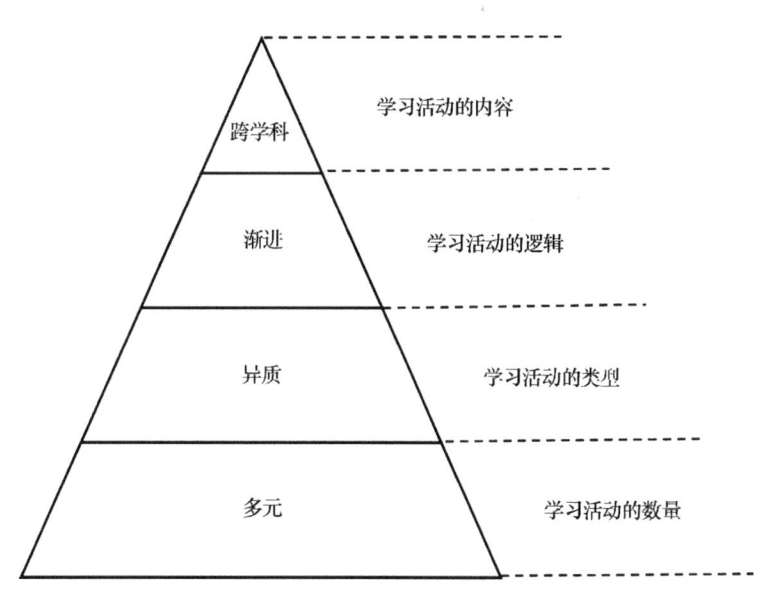

图 2-4　创客学习活动序列的特点

（金字塔由上至下）
- 跨学科　　学习活动的内容
- 渐进　　　学习活动的逻辑
- 异质　　　学习活动的类型
- 多元　　　学习活动的数量

后继的创客学习活动应以先前的学习活动为基础，保持着螺旋式上升的发展趋势。跨学科指在学习活动的内容方面，教师应重视设计跨学科的学习活动，促进学生融合多学科知识来解决实际问题。

（三）家长：优化家校共育，支持学生在实践中反思和创新知识

创客教育可作为增进学生家庭归属感的活动，让学生在家长的带领和陪伴下，发挥想象力和创造力，实现行动的知识化。一方面，家长应重视与学生的沟通交流，陪伴学生共同进行创客活动，启迪学生的好奇心和想象力，促进学生将行动中获得的经验转化为知识。另一方面，为促进学生在实践中反思与创新知识，家长应在生活中培养学生的反思意识和习惯，为学生创设和营造适宜的创客学习氛围；提供将行动转化为知识的方法、经验和工具，监督学生行动知识化的过程并评估其行动知识化的成效。

（四）学生：在多学科知识创新类学习活动中反思和创新知识学习的质量

以"学科知识"（单学科、多学科）为横坐标，以"学习方式"

(知识习得、知识创新)为纵坐标,形成了包括单学科知识习得类、单学科知识创新类、多学科知识习得类和多学科知识创新类四类创客学习活动(如图2-5所示)。其中,单学科知识创新类与单学科知识习得类创客学习活动侧重单一学科知识的掌握与运用;多学科知识习得类创客学习活动注重不同学科知识的整合;多学科知识创新类创客学习活动则是以学科融合创新为实践指向,注重提升学生知识融合和应用创新的能力。据此,在创客教育中,学生应积极选择并参与多学科知识创新类创客学习活动,不断在非良构的问题情境中挖掘其自身的创造潜能。

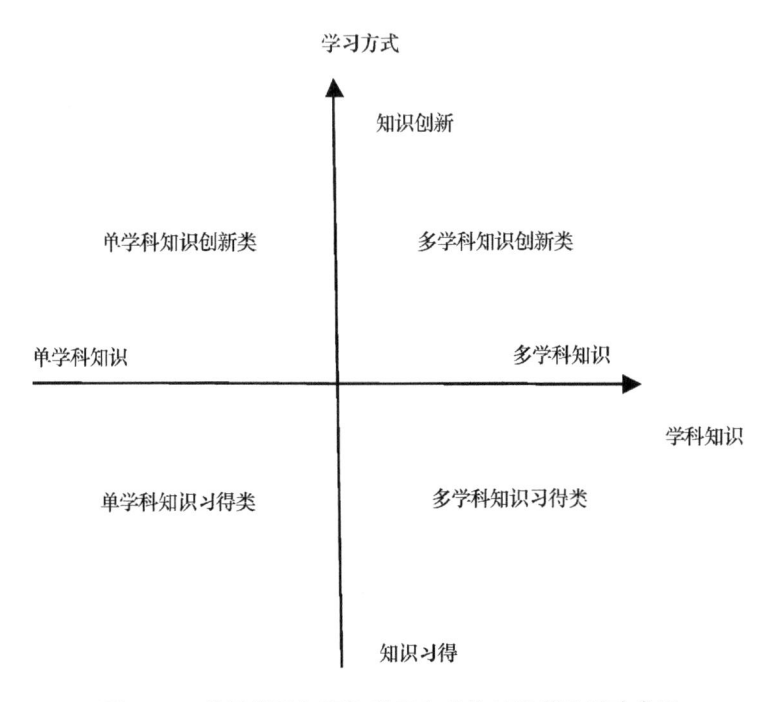

图2-5 基于学科知识和学习方式的创客学习活动类型

此外,为促进学生在学习活动中的行动知识化,学生首先要养成制订创客学习计划的习惯,在创客活动开展前制订课程或活动学习计划,并评估创客学习计划的有效性。其次,学生要注意监控其自身行动知识化过程,并根据反馈来反思其自身知识的迁移、应用及创新效果。最后，针对其自身在学习监控中发现的问题，学生应学会积极运用调节策略改进行动知识化过程中的不足，形成完整的知识结构体系。

第二节　创客教育中学生学习经验转化研究：促进创造性学习发生[*]

创客教育中学生学习经验的转化效果是影响学生知行创融合发展目标达成的关键。因此，厘清创客教育中学生学习经验的类型，明晰学生学习经验转化的方式和路径，对于提升创客教育育人成效具有重要意义。笔者在反思现有研究、分析实践需求的基础上，根据"经验之塔"理论，将创客教育中的学习经验划分为"活动性经验""形象性经验"和"符号性经验"，并探究了这三种学习经验之间的转化方式：引导形象性经验及符号性经验向活动性经验转化，促进知识的整合、迁移与应用；关注符号性经验和活动性经验的形象化，促进学生知识的理解与内化；推动活动性经验和形象性经验的抽象转化，促进实践能力的提升和知识的创新发展。此外，还从学校、学生、家庭以及社会角度提出建议：学校应构建序列化学习活动流程，为学生学习经验转化提供支撑；学生应主动监控其自身经验转化过程，提升创新意识、能力与思维；家长应推动创客教育家校协同共育，培养学生总结反思的意识与习惯；社会应发挥创新文化的浸润作用，拓展学生学习经验转化的实践场。

创新人才是新时代教育发展的核心命题。《中国教育现代化2035》指出：应强化学生实践能力、思维能力、创新精神的培养[①]。创客教育应秉持创新理念，以培养学生创新意识、创新思维和创新能力为目标，被认为是创新人才培养的重要途径[②]。《义务教育质量评价

---

[*] 本节内容主要参考赵慧臣、范田田、李琳等《创客教育中学生学习经验转化研究：促进创造性学习发生》，《数字教育》2024年第2期。

[①] 中共中央、国务院：《中国教育现代化2035》，http://www.gov.cn/zhengce/2019-02/23/content_5367987.htm，2022年11月12日。

[②] 张茂聪、刘信阳、张晨莹等：《创客教育：本质、功能及现实反思》，《现代教育技术》2016年第2期。

指南》① 也明确了人才培养的标准与要求，将"知行合一"作为评估学生学习的关键指标。在以"创新创造"为核心的创客教育中，"行"的内涵应不断拓展，即学生不仅要实现知行合一，而且要实现知行创的融合发展。在此过程中，学生学习经验的转化效果将影响学生知行创融合目标的达成程度。

一　创客教育中学生学习经验转化问题亟待研究

经验转化在创客教育学生学习实践中必不可少，然而，关于创客教育中学生学习经验转化的研究却较为薄弱。因此，面向知行创融合的创造性人才培养，我们需要结合创客教育特征、学习经验转化特点，进一步探讨创客教育中学生学习经验的转化问题。

（一）创客教育中学生学习经验转化的实践需求

杜威认为，学生的学习经验具有"连续性""交互性"等特征②。然而，在创客教育实践中，部分创客教师一方面受"教育结果论"的影响，更加关注学生创客作品的技术性及创造性，却忽视学生在学习过程中经验的转化与生成；另一方面部分创客教师关注学生学习经验的转化与生成，却忽视不同学习活动情境下学生获取学习经验类型的差异，设计了大量同质学习活动，使得学生的学习仅仅停留在单一类型经验的堆叠层面，难以支持学生实现知行创的融合发展。

创客教育是学生基于已有经验，在创意构思、协作探究、优化迭代等活动中生成新经验的过程。面向知行创融合的人才培养，教师需区分学习经验类型，探究不同类型学习经验的转化，引导学生在学、做与用中实现由学以致知、学以致用向学以致创的发展。

（二）创客教育中学生学习经验转化研究的反思

相关研究围绕创客教育经验转化问题，从理论层面进行了深入的分析。其中，闫志明等立足于创客教师培养，指出知识经验是开展创

---

① 教育部等六部门：《义务教育质量评价指南》，http://www.moe.gov.cn/jyb_xwfb/gzdt_gzdt/s5987/202103/t20210318_520552.html，2023年4月16日。
② 褚宏启：《论杜威课程理论中的"经验"概念》，《课程·教材·教法》1999年第1期。

客教育活动的起点①；田友谊等提出"在创客教育的生活化中实现知识与经验的融合是创客教育的内在要求与意义所在"②；王世娟等认为应以工具为中介，引导学生立足于实践经验，实现动手、动脑与动心③；赵慧臣等反思了创客教育中知识与行动经验转化问题，提出教师要促进知识行动化，学生要实现行动知识化④。

总体而言，相关研究普遍意识到"学习经验转化"对于提升学生创客学习效果、促进学生知行创融合发展的重要作用。然而，虽然有学者提出要设计序列化的学习活动以引导学生转化学习经验⑤，但该研究尚未区分学习经验的类型，也未结合具体的学习经验类型提出可操作性的转化方式。

（三）创客教育亟待加强学生学习经验的转化研究

在创客教育中，同一类型学习经验的累积只能在较大程度上强化学生初级认知的记忆能力，而不同类型学习经验的转化则可以有效促进学生学习的纵向迁移与应用，推动学生高阶思维的发展。创客教育领域有待立足于学生认知发展的规律与特点，结合创客教育的特征及实施特点，区分学生学习经验的类型，探究不同类型学习经验的转化方式与途径。此外，学习经验是学生与环境、信息技术等多方面因素不断交互与发展的过程⑥。信息技术在创客教育实践中发挥着必不可少的赋能作用，为学生学习经验的获取与转化赋予了新的途径，在经验转化过程中发挥着重要作用。

---

① 闫志明、孙承毅、张铭锐：《我国创客教师的实践领域与能力结构——基于行为事件访谈和扎根理论的研究》，《现代远程教育研究》2021年第1期。
② 田友谊、姬冰澌：《重识中小学创客教育：基于杜威"做中学"思想的审视》，《教育科学研究》2019年第12期。
③ 王世娟、陈荣、郑旭东：《动手、动脑与动心：创客教育的三重境界及其融合》，《现代教育技术》2021年第7期。
④ 赵慧臣、李琳：《创客教育中知识与行动的关系研究：促进创新型人才培养》，《电化教育研究》2022年第12期。
⑤ 李琳、赵慧臣：《知行创融合的创客教育学习活动序列化设计》，《开放教育研究》2023年第1期。
⑥ 谢翌、曾瑶、丁福军：《过程性课程评价刍议》，《教育研究》2022年第7期。

二 创客教育中学生学习经验分类及其来源

戴尔"经验之塔"关注学习的层次性与经验转化的连续性,依据学生认知发展的规律,从简单到复杂、从形象到抽象地区分了经验的类型,并明确了学习经验获取的途径。参考戴尔"经验之塔"[①] 对经验的分类及各类型经验之间的关系,结合创客教育的特点,将创客教育中学生的学习经验分为通过动手实践获取的"活动性经验",通过观察学习获取的"形象性经验"以及通过深度思维加工获取的"符号性经验"(如图 2-6 所示)。

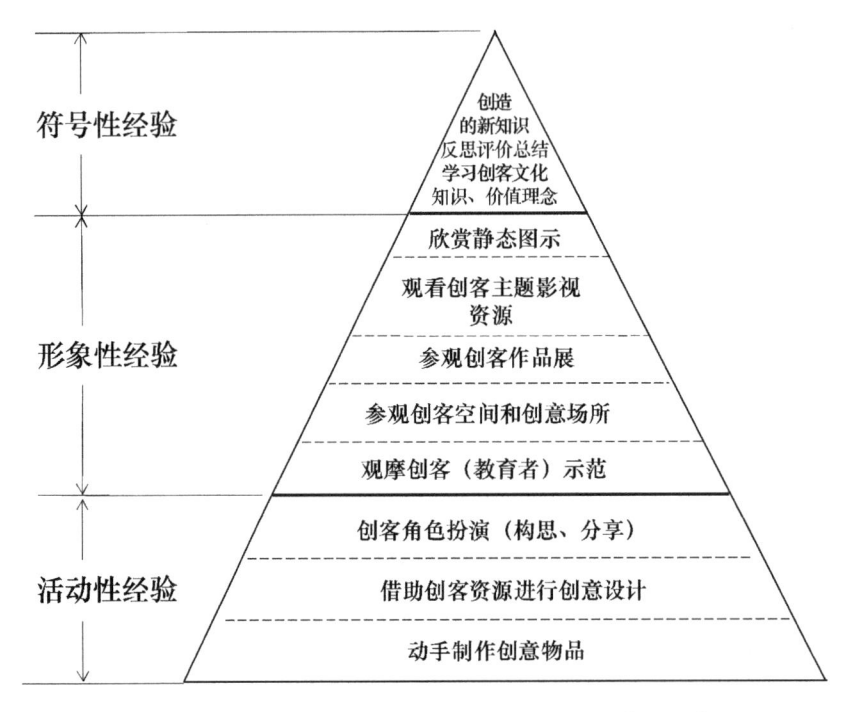

图 2-6 基于"经验之塔"的创客教育学习经验类型及来源

经验是外在客观环境与个体内部心理相互作用的结果。经验的习得和转化依靠经验的客观条件和经验的内部条件的交互作用。创客教育要以活动性经验为基础,提供恰当的劳动情境,借助丰富的劳动实

---

① [美]埃德加·戴尔:《经验之塔》(上),章伟民译,《外语电化教学》1985 年第 1 期。

践，引导学生在体验和反思的基础上，在经验的持续积累和转化中提升劳动素养。技术工具与学习内容、教学法等要素的紧密结合，可以促进经验的转化，实现深度学习①。在学生学习经验获取与转化过程中，信息技术可以支持创客教育中学习经验的获取、转化和扩展。在创客教育中，教师可以利用信息技术数字化、网络化、智能化及虚拟化的特点，为学生构建交互性强、体验性强的创客学习环境，拓展学生获取学习经验的渠道，提升学生学习经验转化的效果（如表2-2所示）。此外，在创客教育区域发展不平衡的当下，信息技术也进一步丰富了创客空间与创客工具的呈现形式，有效缩短了创客教育发展的"技术鸿沟"，进一步促进了教育公平。

表2-2　　不同信息技术对创客学习经验获取与转化的作用

支持作用	多媒体	互联网	大数据	虚拟现实	人工智能	元宇宙
活动性经验	模型展示、创客情境的营造	为学生检索创客学习资源、开展线上讨论提供平台工具	记录监测创客学习过程，实现学习数据的同步存储与可视化分析呈现	仿真创客实践、虚拟工具应用、创客教育角色体验、程序化创客交互	仿真创客实践、虚拟工具应用、角色体验、个性化创客交互	仿真创客实践，虚拟工具应用，创客教育角色体验，开放性的创客交互
形象性经验	资源播放、作品展示、图示	为获取图像、视频等学习资源提供平台工具	图像、视频资源的个性化推送	三维场景沉浸式体验、立体化的创客教育场景、创客资源的3D展示	三维场景的沉浸式体验、立体化的创客教育场景	全场域场景沉浸式体验，立体化的创客场景
符号性经验	创客教育内容呈现	为学生获取抽象文本类知识提供平台工具	文本类知识资源的个性化推动	创客教育内容立体化呈现	学习内容个性化推送，实现知识学习的交互与生成	创客教育内容的全方位、立体化呈现

---

① Dede，C.，"The Role of Digital Technologies in Deeper Learning. Students at the Center: Deeper Learning Research Series"，https://www.semanticscholar.org/paper/The-Role-of-Digital-Technologies-in-Deeper-Students-Dede/21607df74e4b51c237e018d9338d253bee7aa3ab，October 2，2022.

(一) 创客教育中的活动性经验：学生亲身参与真实学习活动所获得的学习经验

活动性经验是学生在动手实践中获得的富有个体情感色彩的体验，通过思维提取、总结、抽象等形式形成的经验类型。创客教育需要引导学生在动手参与中、在创意设计的实际问题中收获多种活动性经验。而信息技术通过拓展学生体验的途径，强化学生体验的多重刺激，引导学生获得与生成丰富的活动性经验。例如，教师利用虚拟仿真技术构造虚拟创客空间，为学生提供交互性强、体验感强的创客学习工具。学生在此过程中可进行循环模仿与创造，而无须担心工具匮乏与损坏等问题。

(二) 创客教育的形象性经验：通过直观示范、图像展示创客场景等方式所获得的经验

形象性经验是学生在创客教育中通过阅读、观察等方式获取的经验类型，是活动性经验向抽象性经验转化的桥梁。在创客教育中，学生通过观摩教师示范、观看主题视频、参观创客作品展览等方式生成形象性经验。在此过程中，信息技术可通过提升多媒体的生动性、互动性与沉浸性进一步支持学生高效获取形象性经验。例如，教师可以利用大数据技术精准推送创客学习视频，提升形象性经验获取的效率；利用虚拟现实技术、人工智能及元宇宙技术构建立体化、沉浸式的学习场景，强化学生与图像、视频资源的双向互动，提升学生形象性经验获取的有效性。

(三) 创客教育的符号性经验：通过学习创客视觉符号和语言符号而获取的经验

符号性经验是学生通过学习抽象的视觉符号和语言符号等理论性成果所获取的经验，其积累有利于学生多元能力的发展和创新创造能力的提升。在创客教育中，符号性经验的获取离不开学生抽象思维的加工。它一方面通过教师讲授、学生阅读等方式获得；另一方面则由学生习得的活动性经验、形象性经验转化而来。在智能技术的推动下，大数据技术可个性化地推送理论知识，实现因材施教；虚拟现实技术、人工智能及元宇宙技术扩展了经验获取、转化与生成的方式，促进学

生知识的学习、迁移和创新。

三 创客教育中学生学习经验转化的方式

创客教育的"经验之塔"是根据创客经验的获取方式，依据学习经验的具体与抽象程度进行的分类，它并不代表既定的学习程序①。在创客教育中，三种学习经验互相影响、互为基础，共同推动学生高阶思维的发展。因此，在创客实践中，教师不应让学生的认知停留于单一类型的学习经验层面，而应调动学生的多重感官，以活动性经验为抓手，促进知识的内化和实践应用；以形象性经验为中介，强化活动性经验和符号性经验之间的连接；以符号性经验掌握为目标，不断推动学生知行创的融合发展（如表2–3所示）。

表2–3　　　　创客教育中不同类型学习经验的转化关系

转化关系	活动性经验	形象性经验	符号性经验
活动性经验	创客教育中活动性经验的横向迁移，强化学生活动性经验的存储与记忆	活动性经验→形象性经验，学生将实践经验抽象转化，促进创客教育的高效开展	活动性经验→符号性经验，学生将实践经验抽象转化为系统性的理论知识，并纳入其自身认知体系
形象性经验	形象性经验→活动性经验，学生将观察到的经验在实践中应用，建立起与客观实践的联系	创客教育中形象性经验的横向迁移，强化学生形象性经验的存储与记忆	形象性经验→符号性经验，学生通过归纳、反思等思维活动加工、整合形成系统性的知识
符号性经验	符号性经验→活动性经验，学生在创造性的实践活动中进行知识的迁移和创新应用	符号性经验→形象性经验，学生将抽象经验可视化呈现，调动学生的多重感官，促进学生知识的迁移与应用	创客教育中符号性经验的横向迁移，强化学生形象性经验的存储与记忆

学生创客学习经验转化过程涉及量变及质变两个阶段。在量变阶段，主要是活动性经验、形象性经验及符号性经验的横向迁移，即存

---

① 陈祥：《"经验之塔"不是学习的程序（学习札记）》，《外语电化教学》1986年第1期。

储同一类型经验，提升学生学习经验的"量"，旨在强化学生的"认知记忆"。然而，教师单纯地强化学生的"记忆"能力，只是沿革了应试教育的培养思路。教师只有依据学习经验转化的规律，引导学生在纵向维度上迁移经验，实现学习经验的质变，才能够提升学生的高阶思维，实现知行创的人才培养目标。

（一）引导形象性经验及符号性经验向活动性经验转化，促进知识的整合、迁移与应用

在创客学习活动中，教师一般引导学生通过"阅读""观察"等方式学习原理类知识。但面对抽象性知识，学生只有在协作探究、原型制作与迭代优化等活动中不断地将知识学习过程中获取的形象性经验与抽象性经验转化为活动性经验，才能更好地理解与体悟抽象性知识的内涵。

创客教育是"做中学"与"学中做"的有效统一。在推动学生形象性经验、符号性经验向活动性经验转化的过程中，信息技术可发挥重要作用。例如，教师可以利用元宇宙技术全方位、立体化地展示创客作品设计的原理，引导学生多视角地理解知识内容，获取丰富的形象性经验与符号性经验；利用虚拟仿真技术创设富有交互性、生成性的学习空间与情境，充分调动学生的多重感官，引导学生在实践探究活动中将形象性经验与符号性经验转化为活动性经验。在此过程中，学生也应调动其自身的主观能动性，在批判质疑、交互中强化形象性经验、符号性经验的转化，实现学以致知、学以致用及学以致创的发展。

（二）关注符号性经验和活动性经验的形象化，促进学生对知识的理解与内化

在创客教育中，受创客空间及工具等客观因素的限制，学生难以通过亲身体验的方式获取全部的活动性经验，难以深刻理解、吸收及内化全部的符号性经验。但是，以视听媒体技术为支撑的形象性经验可破解活动性经验与符号性经验在获取与转化过程中的问题，提升学生学习经验转化的效率。例如，教师可以利用VR、AR等虚拟仿真技术呈现复杂的操作流程，以形象性经验的获取强化活动性经验的获取；利用智能白板、认知地图等设备工具将抽象知识形象化呈现，以形象

第二章 创客教育何以促进学生知行创的融合发展

性经验的获取强化符号性经验的获取。

以普通高中通用技术课程标准中"工程设计基础"模块为例[①]，对符号性经验和活动性经验的形象化进行阐述（如表2-4所示）。面对该模块教学时，需要解决创客教学条件不足、学生对"工程"概念及该领域认识薄弱两个问题，教师根据学生的认知特点，以形象性经验为中介，通过播放与工程相关的视频资源、提供小组合作探究工程案例、参观访问工程师、示范工程设计流程、学生角色扮演工程师等活动，深化学生对"工程"的理解和转化，强化学生对符号性经验和活动性经验的理解和把握，促进学生学习经验的转化和生成。

表2-4 "工程设计基础"模块经验转化策略

教学过程经验转化	教育目标	经验转化的实施方式
播放与工程相关的视频资源	让学生对生活中的工程形成多元化的认识，了解工程的社会价值和工程师的工作特点；培养学生热爱创新创造的精神	学生收集工程在生活中应用的场景和工程创造过程资源 教师播放电影或者讲述"两弹一星元勋"的故事，如《伟大工程巡礼》《超级工程》等纪录片 学生在过程中获得形象性经验并向符号性经验转化
提供小组合作探究工程案例	培养学生信息检索、分析和应用的能力；培养学生小组合作的意识和分享意识	以小组为单位选择学生自己感兴趣的工程案例进行研究，将他们的成果以课件的形式在班级内分享 学生在探究学习中获取符号性经验，对经验进行形象转化，并通过思维加工、合作等过程将创意形象化
参观访问工程师	对工程和工程师有更真实的了解	学生参观工程项目现场，采访工程师 建立起符号性经验即客观认识与形象性经验的联系
示范工程设计流程	让学生了解工程设计的流程，引导学生将构思转化为相应的作品	教师示范工程设计流程（如制作建筑模型或火箭模型），学生观察 符号性经验的形象化呈现，便于学生对创客新知识的理解和吸收，激发学生的学习积极性

---

① 中华人民共和国教育部：《普通高中通用技术课程标准》（2017年版2020年修订），人民教育出版社2017年版，第33—36页。

续表

教学过程 经验转化	教育目标	经验转化的实施方式
学生角色扮演工程师	体验工程决策中各方关系，在过程中锻炼学生设计能力、决策能力；培养工匠精神，发展学生高阶思维和创造力	引导学生进行角色扮演，体验工程中不同角色的职能 引导学生经历不同水平工程项目的设计分析，如房子装修工程、校园改造工程或垃圾处理工程等，在过程中建立抽象经验与活动性经验的联结

（三）推动活动性经验和形象性经验的抽象转化，促进实践能力的提升和知识的创新发展

教育教学不能止于直接经验，而是需要引导经验向抽象化发展。康德指出："思维无内容则空，直观无概念则盲。"① 单纯地、没有思维参与地"做"无法构成经验，要使人的活动构成经验，还需要学生主动思维的参与，把活动中的体验转化成经验，并将活动性经验进行抽象转化。学生通过直观体验所获得的经验只有经过理性的建构，形成抽象的概念才有意义。因此，在创客教育实践中，教师应引导学生通过复杂的思维活动，将活动性经验、形象性经验进行概念化，形成富有社会性、文化性特征的抽象性经验。

活动性经验、形象性经验向抽象性经验转化的过程是学生"做中学"的重要体现，也是学生实现知识创新的重要基础。在创客教育中，教师可以利用人工智能设计具身性的学习情境，引导学生在情境化的学习中获得丰富的活动性经验；通过头脑风暴等学习活动，激发学生的创意与创想，并适时引入思维导图、概念地图等可视化学习工具，引导学生总结与归纳活动性经验及形象性经验，以形成理性的认识；提高学生对拓展创新任务的完成度，在抽象性经验的基础上，推动学生实现理论的创新。此外，在创客学习经验转化过程中，学生也需调动其自身元认知能力，通过持续反思，利用分析与综合、比较与分类、抽象与概括、具体化与系统化等认知加工方式，实现活动性经

---

① ［德］康德：《纯粹理性批判》，蓝公武译，商务印书馆2017年版，第14页。

验与形象性经验的抽象转化。

四 创客教育中学习经验转化的策略

在创客教育中，学生在各类学习经验的相互转化中不断掌握知识、提升能力、培养创新意识、思维与能力。在此过程中，不仅需要学生自身的努力，还需要学校、家庭和社会等多方的有效协同。

（一）学校：构建序列化学习活动流程，为学生转化学习经验提供支撑

一方面，学校应为学生学习经验的转化提供学习空间与师资保障。例如，强化创客空间的科学分区，设计知识学习区、实践探索区、反思冥想区等不同空间，支撑学生学习经验的转化；树立实践—反思的能力提升取向，加强创客师资培训，引导教师从技术应用思维向设计思维转变，帮助教师学会利用信息技术工具帮助学生有效转化学习经验。另一方面，教师应强化创客学习活动之间的因果逻辑关系，依据学生认知发展的规律，设计多元、异质、跨学科的学习活动序列，引导学生由浅入深地生成不同类型的学习经验，并循序渐进地转化学习经验；从学生生活经验出发，从日常学习生活、社会生活、自然生活中明确创客活动主题，打破知识与知识来源情境的割裂、知识与学生生活的割裂，推动学习经验的高效转化。

（二）学生：主动监控其自身经验转化过程，提升创新意识、能力与思维

一方面，学生应将学习重心由"产品生成"向"观点的持续改进"转变，学习目的由"为了知识而学"向"为了创新而学"转变，角色由知识与产品的消费者向知识与产品的创造者转变，学会综合利用多种工具资源，生成大量的学习经验并有意识地迁移、应用不同类型的学习经验。另一方面，学生应综合运用多种策略提升元认知能力，监控其自身学习过程，有意识地在学习活动的参与中转化学习经验。例如，学生在创客学习前应制订相应的学习计划，明确学习目标，分析预期成果，选择合适的学习策略，为学习经验转化提供基础。此外，学生还应有意识地监控其自身认知过程，通过自我记录、自我提问、

集中注意等方式，根据学习目标及时评价、反馈其自身认知的结果与不足，推动不同类型学习经验的有效转化。

（三）家庭：推动创客教育家校协同共育，培养学生总结反思的意识与习惯

教育部等十三部门印发的《关于健全学校家庭社会协同育人机制的意见》指出：家长应切实履行家庭教育主体责任①。在创客教育中，家长应立足于生活实际，营造良好的家庭创客教育氛围，组织开展形式多元的学习活动，探索创客教育与劳动教育的融合，引导学生在"做""学""用"中积累不同类型的学习经验；强化学生总结反思的意识与习惯，引导学生利用认知地图等学习工具总结学习内容及学习经验，促进学生在实践探索过程中将活动性经验、形象性经验转化为符号性经验，形成系统的理论知识并纳入其自身的认知体系；注重利用信息技术呈现抽象理论知识，强化学生对知识内容的多维度理解，为其将符号性经验、形象性经验向活动性经验转化提供支撑。

（四）社会：发挥创新文化的浸润作用，拓展学生学习经验转化的实践场

一方面，良好的社会文化环境是学生学习经验转化的有效保障。社会应拓展创客教育的"第二课堂"，融入一定的社会文化情境场域②，将新时代创客教育理念与社会主义核心价值观融合，营造开放探究、乐于创造的社会文化氛围，构建创客教育的社会共同体。另一方面，社会应面向未来人才发展的需求，构建博物馆、科技馆、农场、工厂等创客学习空间，为学生学习经验转化提供多样化平台；结合地方特色和学生需要，开发本地化、校本化的创客教育资源，以线上线下相结合方式进行共建共享，为学生在创客教育中转化学习经验提供全方位的资源支持。

---

① 教育部等十三部门：《关于健全学校家庭社会协同育人机制的意见》，http://www.gov.cn/zhengce/zhengceku/2023-01/19/content_5737973.htm，2023年4月18日。

② 崔允漷、郭华、吕立杰等：《义务教育课程改革的目标、标准与实践向度（笔谈）——〈义务教育课程方案和课程标准（2022年版）〉解读》，《现代教育管理》2022年第9期。

第三章　中学创客教育中序列化学习活动设计的提出

立足于《义务教育课程方案和课程标准》（2022年版），本书将进一步明确序列化学习活动的内涵，并在反思中学创客教育研究、中学创客教育中学习活动研究及序列化学习活动研究的基础上，提出序列化学习活动模型。

第一节　序列化学习活动的内涵

高活动行为并不等于高认知行为①。《义务教育课程方案和课程标准》（2022年版）（以下简称"新课标"）从过去坚持"以生为本"，满足学生的学习兴趣，转化为"坚持育人为本"，追求教学与学习的实效。序列化的学习活动是基于育人为本的教育理念，在遵循新课标中的综合教学理念、学习规律、学习进阶导向的基础上，关注创客学习活动之间的因果逻辑关系，从过程角度显现动态、生成、顺序的学习过程。

一　以过程视角看待创客学习，关注知识转化、生成与创造

受结果导向理念的影响，部分教师将知识当作定论来认识或接受，忽视学习的过程性和知识的生成性，且未从学生角度思考知识学习与知识生成过程间的关系②，使得学习停留在知识记忆与存储、技能模

---

① 盛群力：《学习类型、认知加工和教学结果——当代著名教育心理学家理查德·梅耶的学习观一瞥》，《开放教育研究》2004年第4期。
② 伍远岳：《论深度教学：内涵、特征与标准》，《教育研究与实验》2017年第4期。

仿等单一层面。从本质上而言,序列化学习活动是学习进阶思想的延续。学习进阶是学生学习核心概念时所经历的一系列复杂的、连贯的思维过程,主要可分为标志性研究和转化性研究两个方向。其中,标志性研究以识别和划分核心概念的学习进阶层次为研究重点,受到了该研究领域学者的广泛关注;转化性研究坚持目标导向,更关注学生从较低的学习进阶层级向较高的学习进阶层级的转化,以及探究如何通过教学来推动该过程,常常被研究者所忽视①。

序列化学习活动贯彻知识生成观和学习进阶思想,立足于学习活动中学生学习的转化过程,认为学生的学习是由一系列异质学习活动组成的连续、进阶的序列,是环环相扣的动态过程,侧重于引导知识从浅层到深层的递进,避免学习停留在特定的层面;侧重于设计多元、异质的学习活动,避免学习活动的同质化、单一化,并使学习活动沿着学生学习的规律,保持递进的趋势。

二 基于"综合化"教学理念,强化学习活动设计的关联性

新课标将"加强教学综合,注重关联"作为课程设计的基本原则。在创客教育中,学习活动的综合化可从横向和纵向两个维度理解。横向维度的综合化强调创客教育中教学内容的跨学科性,旨在促进学生形成综合性知识结构体系,确保知识的整体性②;纵向维度的综合化与知识的内生有关③,更强调依据学生思维深化的逻辑,科学、有序、递进地安排学习活动或流程,实现由掌握理论知识向提高实践动手能力、创新性品质递进,实现自由而全面的"全人"综合发展。

认识行为的发生应以完整的"人"作为必要条件④,学生的全面发展也应建立在"全人"的基础上。而在创客教育实践中,教师更多

---

① 丁锐、金轩竹、魏巧鹤:《指向大概念生成与层级转化的学习进阶研究》,《教育科学研究》2022 年第 1 期。
② 杨明全:《新一轮义务教育课程修订基本精神》,《教育研究》2022 年第 8 期。
③ 张志勇、张广斌:《义务教育课程改革的政策逻辑与生态构建——〈义务教育课程方案和课程标准(2022 版)〉解读》,《中国教育学刊》2022 年第 5 期。
④ 郑震:《论梅洛-庞蒂的身体思想》,《南京社会科学》2007 年第 8 期。

地关注横向维度的综合化，注重学习活动内容的综合性与跨学科性，却忽视了纵向维度的综合化，且许多教学理念、教学方法为了凸显可操作性，将本应作为整体发展的人切割成多个独立部分发展①，忽视学生学习与发展的连贯性和互通性，忽视经验的转化，不利于学生综合而全面的内生发展②。序列化学习活动关注创客教育的"跨学科"特性，关注纵向维度上知识的转化过程，并强调依据思维深化的过程对学习活动进行科学、有序的排列与设计，促进学生发展的连贯性与内生性的综合递进。

三 依据学生学习规律，强化学习活动间的逻辑递进关系

学习者的学习过程是其思维深化的过程，因此学习规律与思维深化的过程应保持步调一致。新课标的颁布打破了学科逻辑与生活逻辑长久的对立，进一步强化了学习规律。学习规律一方面强调创客教学或学习要融入一定的社会文化情境场域中③，另一方面明确提出依据思维的深化过程设计创客学习，突出学习进阶的理念，以促进学生实现由学以致知、学以致用向学以致创的跨越。

序列化学习活动从学习规律出发，一方面将创客学习融入具体的问题情境中，将学习活动作为设计的最小单元，引导学生在参与学习活动的过程中，通过"互动""探索"等方式内化、建构、应用与创生知识，凸显知识的情境属性和实践的文化意蕴；另一方面重视依据学生学习的逻辑和规律，有目的、有计划、有组织地明确不同学习活动之间的逻辑关系，使学习活动之间保持循序渐进、环环相扣的连贯状态，促进学生从浅层学习逐步向深层学习深入。

---

① 冯友梅、李艺：《布鲁姆教育目标分类学批判》，《华东师范大学学报》（教育科学版）2019年第2期。
② 李艺、冯友梅：《支持素养教育的"全人发展"教育目标描述模型设计——基于皮亚杰发生认识论哲学内核的演绎》，《电化教育研究》2018年第12期。
③ 崔允漷、郭华、吕立杰等：《义务教育课程改革的目标、标准与实践向度（笔谈）——〈义务教育课程方案和课程标准（2022年版）〉解读》，《现代教育管理》2022年第9期。

第二节 序列化学习活动设计的文献综述

在梳理中学创客教育研究、中学创客教育中学习活动研究、中学创客教育中序列化学习活动设计研究的基础上，提出中学创客教育中序列化学习活动的设计思路，有助于促进学生在创客教育中实现真正意义上的有效学习。

一 中学创客教育研究：内容丰富多元但学习机理分析薄弱

为深入了解创客教育领域的热点，笔者在中国知网期刊论文数据库进行检索，将关键词定为"创客教育"，来源类型选择"CSSCI & 核心期刊"，截止检索日期为 2022 年 9 月 1 日，共检索到相关文献 421 篇。之后，通过对相关文献篇名进行词频统计分析，筛选词性，得到创客教育研究的词云图（如图 3-1 所示）。

图 3-1 创客教育研究的词云分析

总体而言，创客教育研究围绕创新型人才培养，立足于高校、中小学校等学段，在框架、问题、特征及背景等方面进行了深入的理论分析与国别比较研究，并聚焦于创客空间、创客课程、创客教学、创客教师等方面进行了深入的探索。此外，通过分析近三年来的文献可以发现，伴随着创客教育在实践中的应用，创客教学的评价研究也逐渐成为创客教育领域关注的热点。总体而言，在中学学段创客教育研究中，创客教育研究主要聚焦于以下研究主题。

（一）创客教育宏观规划研究：创客教育内涵丰富且理论研究扎实

在内涵定义及特点研究方面，国内对创客教育的定义大致可以分为教育模式论、教育课程论、教育类型论及教育理念和方式论。相对于国内定义中注重对学生创新意识、创新思维以及创新能力的培养，国外对创客教育的定义大多侧重于培养学生利用工具解决实际问题的能力。例如，Blikstein 从数字制作实验室出发，认为创客教育是融合了计算、铸补和工程设计的一种综合教育方式①；《创客承诺》（Maker Promise）认为，创客教育是包含各类学习活动，关注以学生为中心设计的创造性过程，并以现实的或数字化的创造物来呈现效果的一种新型教育模式②，具体内容如表 3-1 所示。

在创客教育相关概念辨析方面，杨晓哲等、腾娇娇等辨析了创客教育与 STEM 教育之间的关系；杨现民等分析了创客教育、STEM 教育与创新教育之间的关系；周静等分析了创客教育、STEM 教育与探客教育之间的关系；祝智庭等辨析了创客教育、众创文化、创客精神等核心概念之间的关系；陈鹏辨析了创客教育和工程教育之间的区别与联系，并提出了"创客工程教育"的新概念。

表 3-1　　　　　　　　　创客教育的定义类别

定义类别	主要关键词	代表学者
教育模式论	以"创造中学"为主要学习方式，以培养各类创新型人才为目的的新型教育模式③	杨现民等

---

① Blikstein, P., *Digital Fabrication and Making in Education: The Democratization of Invention*, Bielefeld: Transcript Verlag, 2013, pp. 203–222.

② Maker Promise, "Maker Promise FAQ", https://digitalpromise.org/maker-promise-faq/, July 15, 2022.

③ 杨现民、李冀红：《创客教育的价值潜能及其争议》，《现代远程教育研究》2015 年第 2 期。

续表

定义类别	主要关键词	代表学者
教育课程论	引入中小学教育课程体系中实施的一系列关于创新动手技能训练的课程①	傅骞等
教育类型论	一种培养青少年创客的工程教育②	钟柏昌
教育理念论	一种贯穿终身的、面向全人发展的，培养个体DIY、创造能力和分享精神的教育取向③	王佑镁等

（二）创客空间研究：注重空间的多元化和建设的综合性

在创客空间的构建模型和功能方面，雒亮等通过研究实践中创客空间的结构与功能，利用O2O架构设计出了虚实融合的2.0版创客空间结构模型④；张立国等结合生态学与教育创客空间的关系，构建了教育创客空间生态模型⑤；约翰·沃特斯（Waters, J. K.）认为创客空间应该集社区、学习型共享空间、协作创新中心三种功能于一身⑥。

在创客空间建设策略方面，石剑兰等人探究了我国公共图书馆少年儿童创客空间建设和服务现状，提出了公共图书馆少儿创客空间服务的发展建议⑦；钟柏昌基于W中学创客空间的个例总结了创客空间在教师的组合、学习内容的整合、学生的混编、教育经费的多元建设等方面的成功经验⑧；李卢一等在借鉴美国中小学实践经验的基础上，

---

① 傅骞、王辞晓：《当创客遇上STEAM教育》，《现代教育技术》2014年第10期。
② 钟柏昌：《谈创客教育的背景、本质、形式与支持系统》，《现代教育技术》2016年第6期。
③ 王佑镁、王晓静、包雪：《创客教育连续统：激活众创时代的创新基因》，《现代远程教育研究》2015年第5期。
④ 雒亮、祝智庭：《创客空间2.0：基于O2O架构的设计研究》，《开放教育研究》2015年第4期。
⑤ 张立国、师亚媛、刘晓琳：《教育创客空间生态模型的构建》，《现代教育技术》2018年第5期。
⑥ Waters, J. K., "What Makes a Great Makerspace", *Journal Technological Horizons in Education*, Vol 43, 2016, pp. 25 – 27.
⑦ 石剑兰、高波：《我国公共图书馆少年儿童创客空间服务研究》，《图书馆工作与研究》2022年第5期。
⑧ 钟柏昌：《学校创客空间如何从理想走进现实——基于W中学创客空间的个案研究》，《电化教育研究》2015年第6期。

指出中小学创客空间建设应目标先行、规划奠基、以人为本、应用驱动①。

(三) 创客课程设计研究：注重课程的层次、系统及跨学科性

赵姝等以中小学创客课程生态为研究对象，构建了包括基本规律、特征及进化过程的中小学创客课程生态进化理论模型②；赵慧勤等借鉴 STEAM 教育跨学科的理念，以跨界知识为主要内容，构建了基于"4C 能力"培养的创客课程设计框架③；万超等基于创客课程现状，构建了包含核心层、要素层、开发层的创客课程开发模型④。

(四) 创客教学模式设计与实践研究：强调活动的多元性与协作性

聚焦于中学学段，在中国知网期刊论文数据库及硕博学位论文数据库分别检索主题词为"创客""教育模式"以及"创客""教学模式"的文献，统计时间限定为 2022 年 9 月 1 日。同时，将期刊文献来源类别设置为"CSSCI 来源期刊 & 核心期刊"，共得到相关文献 58 篇。通过对相关文献题目进行词频分析，生成了中学创客教育中教学模式设计与实践的词云图（如图 3-2 所示）。

相关研究多聚焦于信息技术学科，围绕学生创新思维、设计思维、计算机思维的培养，探索机器人、Scratch 编程、3D 打印等创客学习工具的应用。在分析创客教学模式设计与实践研究的基础上，对教学模式进行总结归纳，主要有以"情境故事导入、简单任务模仿、知识要点讲解、扩展任务模仿、创作激发引导、协作任务完成、成功作品分享"为核心的 SCS 创客教学模式⑤；以"创意、设计、制作、分享、

---

① 李卢一、郑燕林：《中小学创客空间建设的路径分析——来自美国中小学实践的启示》，《中国电化教育》2016 年第 6 期。
② 赵姝、张瑞敏、白浩等：《面向创客教育的中小学教师胜任特征体系探究》，《现代教育技术》2018 年第 9 期。
③ 赵慧勤、王兆雪、张天云：《面向智能时代"4C 能力"培养的创客课程设计与开发——基于 STEAM 理念的实施路径》，《远程教育杂志》2019 年第 1 期。
④ 万超、魏来、戴玉梅：《创客课程开发模型设计及实践》，《开放教育研究》2017 年第 3 期。
⑤ 傅骞：《基于"中国创造"的创客教育支持生态研究》，《中国电化教育》2015 年第 11 期。

图 3-2 中学创客教育中教学模式设计与实践研究的词云分析

评价"为核心的五步创客教学模式①;以"移情、定义、构思、原型、测试"为核心的基于设计思维的创客教学模式②等。此外,也有学者探究了融入元宇宙技术的创客教学实践,提出了包含"思考、制作、改进、拥有、共享"环节在内的 TMIOS 创客教学模式③。

(五)创客师资研究:聚焦教师能力构成和师资培养模式构建

在创客教师知识及能力结构组成方面,龙丽嫦等在借鉴"整合技术的学科教学法知识"框架的基础上,增加了"设计"要素,构建出创客教师知识结构框架④;闫志明等基于行为事件访谈和扎根理论研究,构建了包括创客规划能力、创客教学能力、竞赛指导能力、空间建设能力和专业发展能力五项一级能力及其对应的13项二级能力的创

---

① 王蕾:《五步创客教学法上好 Scratch 课》,《中国信息技术教育》2015 年第 17 期。
② 杨绪辉、沈书生:《设计思维方法支持下的创客教育实践探究》,《电化教育研究》2018 年第 2 期。
③ Hwang, Y., "When Makers Meet the Metaverse: Effects of Creating NFT Metaverse Exhibition in Maker Education", *Computers & Education*, Vol. 194, 2023, p. 104693.
④ 龙丽嫦、梁志成、尹睿:《创客教师知识结构框架的构建与生成机理分析》,《电化教育研究》2020 年第 9 期。

客教师能力结构体系①。

在创客教师培养研究方面，赵慧臣等从创客教师教学能力的需求分析、结构模型、提升策略、评价方式等角度提出了创客教师教学能力提升研究的建议②；董同强等立足实践，构建了中小学创客型教师参与式培训模式③。

在影响创客教师发展的因素研究方面，闫志明等利用"三重障碍"分析框架，指出"支持""培训""设计思维"对中小学创客教师教学效能感有正向影响④；蔡慧英等则分析出影响创客教师知识发展路径的主要因素和间接因素⑤。

（六）创客教育评价研究：强化评价方式的多元和层次的多样性

张五敏从学生、教师、学校三个维度确立了评价指标体系的核心内容，并借助基础评价和发展评价两种方式开展创客教育评价⑥；申静洁等构建了教师评价、组内评价、组间评价、学生自评等多元主体评价方式相融合，并使之与总结性评价结合为互连结点的复合式双螺旋评价体系，以评价中学生的创新能力⑦；Yokana 在"Creating an Authentic Maker Education Rubric"中指出，创客教学评价量规应包括过程（Process）、理解（Understanding）、作品（Product）三部分⑧；MRU（Miller River Union School）制定了包括创新和创造、协作、批判

---

① 闫志明、孙承毅、张铭锐：《我国创客教师的实践领域与能力结构——基于行为事件访谈和扎根理论的研究》，《现代远程教育研究》2021 年第 1 期。

② 赵慧臣、马佳雯、姜晨等：《创客教师教学能力提升研究的反思与建议》，《现代教育技术》2019 年第 5 期。

③ 董同强、马秀峰：《中小学创客型教师参与式培训模式的构建与应用》，《现代教育技术》2018 年第 3 期。

④ 闫志明、张铭锐、郭喜莲等：《中小学创客教师教学效能感的影响因素——以"三重障碍"为分析框架》，《现代教育技术》2020 年第 12 期。

⑤ 蔡慧英、谢作如、李渔迎等：《创客教育教师准备好了吗——智能时代创客教师知识发展的影响因素探析》，《远程教育杂志》2019 年第 3 期。

⑥ 张五敏：《三维评价促进区域性中学创客教育优化发展——以郑州创客教育实践为例》，《中国教育学刊》2020 年第 7 期。

⑦ 申静洁、赵呈领、周凤伶：《创客教育课程中学生创新能力评价研究》，《现代教育技术》2018 年第 10 期。

⑧ Yokana, L., "Creating an Authentic Maker Education Rubric", https://www.edutopia.org/blog/creating-authentic-maker-education-rubric-lisa-yokana, July 15, 2022.

性思考和工作习惯四个评价维度的量规①。

综合国内外创客教育研究发现，现有的研究大多侧重于对于创客教育内涵、特征、实践框架和路径等理论研究及创客空间等技术层面的研究，而对于创客教育中教学与学习实践的探索偏少。在研究路径方面，国内的创客教育研究沿着先理论后实践的研究路径展开，在一定程度上出现了创客教育中理论研究和实践探索脱节的问题；国外的创客教育研究沿着理论—实践—反思—再理论—再实践—再反思的研究路径开展，在一定程度上能够促进创客教育体系的发展，避免理论研究与实践探索脱节的问题。在创客教育实践研究方面，现有的实践研究大多聚焦于教学模式的设计与实践，这些教学设计或教学模式设计研究更关注特定知识的形式与状态，忽视了学生创客学习的情境性，更侧重于发挥教师"教"的重要作用。

随着以教师为中心的教育理念逐渐向以学生为中心转变，学生的学习模式和学习活动的设计与实践也亟待改变。尤其是对于以"做中学、用中学、创中学"为主要特征的创客教育，更应该关注学生学习的情境性和学生"学"的有效发生，从学生视角和学生学习体验出发，设计科学、高效、系统的学习活动，以学习活动带动教学活动，引导学生在创客实践中实现知行合一、促进知行转化。

二 学习活动的研究：关注方法与理念但逻辑关系待优化

创客教育中学习活动的研究大多集中于创客教育中学习活动的流程设计、学习活动设计模式和模型研究等方面。

（一）学习活动流程的设计研究：学习活动间的逻辑性有待加强

詹青龙等提出了包括创设情境、展现任务、自主学习、提供支架、活动测试、合作探究、作品竞赛、活动评估八大步骤的创客教育2.0智慧学习活动流程②；王超设计了包括项目式学习活动问题的确定、

---

① Loertscher, D. V., Preddy, L., Derry, B., "Makerspaces in the School Library Learning Commons and the uTEC Maker Model", *Teacher Librarian*, No. 2, 2013, p. 48.

② 詹青龙、杨梦佳：《"互联网+"视域下的创客教育2.0与智慧学习活动研究》，《远程教育杂志》2015年第6期。

项目式学习活动情境创设、协作问题解决、项目式学习评价与反思等环节的中小学创客教育中的项目式学习活动环节[1]；刘佳宜设计了 micro：bit 硬件编程技能准备、融合设计思维的创意电子入门项目、融合设计思维的创意电子进阶项目三个阶段的创客学习活动流程[2]；刘鑫鑫尝试以"项目"为载体，从教师行为、学生行为和实施过程三方面构建了包含"成立创客项目小组，确定创客项目主题""设计创客项目方案""实施创客项目方案""成品分享、讨论、完善""评价与反思"在内的基于创客教育理念的学习活动流程[3]（如表 3-2 所示）。

表 3-2　　　　　中学创客教育中学习活动流程的设计研究

研究视角	主要观点	研究者
创客教育 2.0 的智慧学习活动流程	创设情境、展现任务、自主学习、提供支架、活动测试、合作探究、作品竞赛、活动评估	詹青龙等
中小学创客教育的项目式学习活动环节	项目式学习活动问题的确定、项目式学习活动情境创设、协作问题解决、项目式学习评价与反思	王超
融合设计思维的初中 micro：bit 创客学习活动流程	micro：bit 硬件编程技能准备、融合设计思维的创意电子入门项目、融合设计思维的创意电子进阶项目	刘佳宜
基于创客教育理念的学习活动流程	成立创客项目小组，确定创客项目主题"设计创客项目方案""实施创客项目方案""成品分享、讨论、完善""评价与反思"	刘鑫鑫

（二）学习活动设计模式的研究：多利用逻辑推理的方式设计学习活动

由于中学创客教育中对学习活动的相关研究较少，为明晰中学创

---

[1] 王超：《中小学创客教育的项目式学习活动设计探究》，《教学与管理》2020 年第 6 期。
[2] 刘佳宜：《融合设计思维的初中 micro：bit 创客学习活动的设计与实施》，硕士学位论文，上海师范大学，2020 年。
[3] 刘鑫鑫：《基于创客教育理念的学习活动设计与实践研究——以〈电视节目编导基础〉课程为例》，硕士学位论文，沈阳师范大学，2020 年。

客教育中学习活动的现状，故将创客学习模式研究也纳入其中。

其中，Marulcu 提出了包含发现问题、探究问题、制定方案、原型制作、检验修正五个环节的基于乐高的创客学习模式[①]；罗倩茹基于 CDIO 理念，构建了包含确定项目、构思创意、设计方案、实施计划、交流共享、总结评价环节的六步创客课程的学习活动设计模式[②]；陈鹏构建了包括"共设项目，创设情境""选择主题，组建团队""任务分解，制订计划""探究协作，调查研究""创意构思，拟订方案""工程设计，原型制作""集中展示，成果分享""综合评价，总结反思"在内的基于创客项目的学习模式[③]；朱龙等从学习与创新能力培养、师生活动、创客教育环境三个层面出发，构建了以"探究""设计"和"反思"为核心的面向创客教育的设计型学习模式[④]。

纵观国内外对创客教育中学习活动的研究发现，在研究内容方面，大多数研究聚焦于宏观的创客学习活动框架或学习活动模式设计，却忽视了微观层面各个学习活动之间的因果、顺序等逻辑关系的分析。在研究方法方面，研究成果大多以文献研究、案例研究、调查研究、行动研究等方法为基础，依据经验设计学习活动流程、模式和模型，并在实践中通过多轮迭代对其进行完善。从该角度而言，创客教育中学习活动研究的量化分析不足，其学习活动的设置、学习活动之间的关系设计也缺少科学性。在研究实践结果方面，相关研究设计形成的学习活动流程、模式和框架都在实践中进行了验证，并指出该流程、模式和框架能够有效提升学生的创新意识、创新思维和创新能力，但是在实践中所得到的结果究竟是由于创客教育本身的性质导致的还是

[①] Marulcu, I., "Investigating the Impact of a LEGO-based, Engineering-oriented Curriculum Compared to an Inquiry-based Curriculum on Fifth Graders' Content Learning of Simple Machines", https://www.proquest.com/openview/205a192866391234943567ed1078d794/1?pq-origsite=gscholar&cbl=18750, July 15, 2022.

[②] 罗倩茹：《混合式学习环境下创客课程学习活动的设计与实施——以 S 大学公选课〈如何做创客教育〉为例》，硕士学位论文，陕西师范大学，2020 年。

[③] 陈鹏：《创客学习：一种创造有意义学习经历的学习范式》，《现代远程教育研究》2016 年第 6 期。

[④] 朱龙、胡小勇：《面向创客教育的设计型学习研究：模式与案例》，《中国电化教育》2016 年第 11 期。

由于所设计的科学、系统且高效的学习活动流程、模式和框架所导致的，其结果不得而知。

因此，如何聚焦微观层面学生学习活动之间的关系，依据学生知识与行动转化的规律和逻辑，设计出更科学、更高效、更系统的学习活动序列，改善当下创客教育中知识与行动脱节等问题，成为中学创客教育中学习活动研究亟待关注的问题。

三 序列化学习活动研究：亟待面向创新人才培养优化设计

从研究领域来看，"序列化设计"相关研究在语文学科、德育培养、心理健康领域进行了较多实践（如表3-3所示）。在语文学科领域的序列化研究方面，曾丽君以学生心理发展特征为导向、以学生原有知识储备为参考、以部编版教材阅读训练要求为标准、以部编语文教材为媒介，利用组合关系与聚合关系对初中语文部编版教材的阅读教学进行了序列化探究[①]；许琼鸰根据部编版教材单元目标的整合和分解，按每学年、每学期、分板块地进行有序规划和实施，探究了初中语文写作序列化教学的方法[②]；张兰兰通过问卷调查的数据分析，结合其自身教学经验构建了贯穿高一、高二、高三三个年级的高中议论文教学序列[③]。

表3-3 中学创客教育中序列化学习活动研究的学科领域及对象

学科领域	序列化在教育领域的面向对象
语文	阅读教学（古诗词、小说等）；写作教学（议论文、记叙文等）；文言教学；语文作业；语文课堂三分钟学习活动
德育	"八个相统一"视域下思政活动；德育活动；思想政治教育内容；以爱国主义为主题的德育；思想教育工作

---

① 曾丽君：《初中语文部编版教材阅读教学序列化探究》，硕士学位论文，西南大学，2020年。
② 许琼鸰：《部编版初中语文写作序列化教学研究》，硕士学位论文，洛阳师范学院，2021年。
③ 张兰兰：《高中议论文写作教学序列化研究——以肇庆高新区大旺中学为例》，硕士学位论文，广州大学，2018年。

续表

学科领域	序列化在教育领域的面向对象
心理健康	心理健康教育内容、教育活动课程
信息技术	微课程、信息技术教材编排
数学	数学建模教学
英语	英语写作
物理	物理实验
化学	有机化学实验
生物	生物课堂提问

在德育的序列化研究方面，郑敬斌在分析学校日常思想政治教育内容序列化的必要性和可行性的基础上，依据不同年级学生的特征，对学校日常思想政治教育内容序列性进行了构想[1]；王桂凤等依据循序渐进的原则，设计了由低到高、由近及远、由具体到抽象，循序渐进的爱国主义教育序列[2]。在心理健康领域里，学者依据年龄差异、年级差异等对心理健康教育的内容也进行了序列化呈现。

在教育技术领域，早就有学者关注和探索过序列化学习活动的设计，如钟志贤在《信息化教学模式：理论建构与实践例说》中指出，"通过对不同的学习活动序列进行组合，可以形成不同的教学模式"[3]；叶荣荣等将学习活动的形式和组织结构作为基本变量，形成了"制作一份有创意的教学软件"的学习活动序列[4]。

纵观"序列化"的研究现状发现：在研究领域方面，序列化研究多集中于一些非良构、难以用"言传身教"方式传授知识的学科或领域，如语文阅读和写作教学、德育的教学等。在研究内容方面，现有

---

[1] 郑敬斌：《学校日常思想政治教育内容序列化建设构想》，《东北师大学报》（哲学社会科学版）2014年第2期。

[2] 王桂凤、修玉德：《深入开展德育序列化教育 建立德育工作新体系》，《中国教育学刊》1995年第S1期。

[3] 钟志贤：《信息化教学模式：理论建构与实践例说》，教育科学出版社2005年版，第108—276页。

[4] 叶荣荣、余胜泉、陈琳：《活动导向的多种教学模式的混合式教学研究》，《电化教育研究》2012年第9期。

的研究大多在参考相关目标、教材等的基础上,依据学生的年龄特征、学段对教学内容及过程进行序列化设计。在某种程度上,此类序列化设计研究的深度薄弱,其研究更像是对教学内容和教学过程进行的笼统分层。在研究方法方面,现有的研究大多采用基于经验或案例的方式开展序列化设计,其设计的规范性、科学性及有效性也有待提升。

中学是提升学生创造意识、创新思维及创新能力的关键时期。创客教育领域也有待融入"序列化"设计理念,科学合理地组织中学创客教育中的学习活动,强化学习活动之间的逻辑关联,引导学生在创客学习中实现由学以致知、学以致用向学以致创的发展。同时,针对当前序列化设计规范性、科学性不足的问题,序列化学习活动设计也有待探索科学的方法,构建出循序渐进、环环相扣的中学创客教育中序列化学习活动模型。

第三节　序列化学习活动设计的构想

近代知识论认为,知识由信念、确证及真理三个要素组成。确证的充分与否是信念转化为事实真理的关键,也是学生思维不断深化的关键。学者表示,可以通过强化事物之间的因果关系来提升确证的充分性,如康德指出"因果关系问题是最重要且最基本的确证之一";美国哲学家阿尔温·戈德曼(Alvin L. Goldman)基于过程可靠论,主张依据因果联系进行确证[①];皮亚杰基于发生建构理论,借助"活动"提出"因果关系才是思维不断深化的原因所在"。

逻辑是思维的形式和规则,本质是对因果规律的探寻。在创客教育领域,许多教师在教学或学习设计过程中,忽视学习活动之间隐含的因果逻辑关系,将依赖程度较高的学习活动孤立地开展,割裂了创客学习过程的连贯性,导致知识确证的不充分,也折损了学生的深层思考。

为此,在反思中学创客教育研究、中学创客教育中学习活动研究、

---

① 谷娴:《阿尔温·戈德曼的过程可靠论研究》,硕士学位论文,中南大学,2009年。

中学创客教育中序列化学习活动研究的基础上,基于"序列化"设计理念,利用解释结构模型法,通过分析任意两个学习活动之间存在的直接因果逻辑关系,可进一步探究学习活动之间隐含的间接因果逻辑关系,形成逻辑关联性强、循序渐进、环环相扣的序列化学习活动模型。在实践中,教师可依据各个学习活动的因果逻辑关系,结合学习目标、学习内容选取学习活动,组成学习活动序列来开展创客教育。而创客学习活动之间的因果逻辑关系强,可促进学生学习经验的转化,进一步强化学生的"确证"过程,促进知识由"信念"形成"真理",进而引导学生实现知行创的融合发展。

一 序列化学习活动设计的目标指向

在设计序列化学习活动前,首先需要明确其设计的目标与导向。我国的教育目标经历了从"双基目标""三维目标"到"核心素养目标"的转变。1952年,《中学暂定规程(草案)》从学科视角刻画课程与教学的内容与目标要求,旨在引导学生获取现代科学的基础知识与基本技能。但是,单纯地引导学生获取知识与技能难以满足国家对于人才培养的需要,2001年,相关部门发布《基础教育课程改革纲要》,并适时提出了知识与技能、过程与方法以及情感态度与价值观的三维目标,在一定程度上解决了"双基"目标的弊端[①]。然而,在教师将三维目标落实到具体实践的过程中,因缺少对学生发展内在性和人本性的关注,出现了教学割裂化等问题。2014年,教育部印发《关于全面深化课程改革 落实立德树人根本任务的意见》,对"培养什么样的人"这一问题做了进一步的深化,育人理念逐步从"学科本位"向"学生本位"转变。

立足于学生的核心素养发展,《义务教育课程标准和课程方案》(2022年版)多次指出,教学应该在做、用、创中引导学生实现知行合一、学思结合。结合时代对于人才培养的需求,新课标中所言的

---

① 王策三:《认真对待"轻视知识"的教育思潮——再评由"应试教育"向素质教育转轨提法的讨论》,《北京大学教育评论》2004年第3期。

"知行合一",其中"行"的内涵在智能时代应该不断拓展,即"行"不仅应该包括实践或行动,而且应该包括"创新"这一人才培养要求①。特别是在以"做中学"为主要特征,强调"在创造中学习"或"基于创造的学习"的创客教育中,更应该注重在实践与探索中促进学生实现知识、行动、创新能力的融合发展。

知行创融合的序列化学习活动设计目标是对核心素养理念的践行,更是对"知能本位"教学范式的超越。相较于"双基"目标及"三维"目标在某种程度上割裂学生发展的全面性,知行创融合的序列化学习活动设计目标,一方面区分了知识、行动、创新目标维度中不同行为的类型和层次,为教师提供了组织框架来提高其对目标含义理解的准确性、目标实践的可操作性②;另一方面,又立足于能力的生成观,认为知识、行动、创新三者之间并非孤立地存在或发展的,而是存在着一以贯之的双向生成逻辑③。三者将在层层递进与逆向反馈中,实现融合互化(如图3-3所示)。

二 中学创客教育中学习活动的识别与确定

学习活动是教学设计的最佳分析单元,是学习者与学习资源工具等物质环境、课堂管理规则等制度环境、教师同伴等人际环境进行的有目的的交互行为。创客教育多以项目式的方式开展,所以序列化学习活动模型更多地注重识别项目式学习活动。

在识别中学创客学习活动时,首先,应确保学习活动来源渠道的多样,既重视选取理论文献及优质案例中的学习活动,也注重选取创客教育实践中的学习活动。其次,应确保选取出的学习活动功能异质,如既包含课前创客学习活动,也应包含课中、课后的创客学习活动;既包含知识学习活动、行动实践活动,也应包含创新创造学习活动。

---

① 陈琳、陈耀华、文燕银等:《教育何以促进知行创合一》,《中国电化教育》2021年第9期。

② 庄惠阳:《教育目标分类学的真谛何在——与李艺教授等学者商榷》,《华东师范大学学报》(教育科学版)2022年第7期。

③ 冯友梅、颜士刚、李艺:《论核心素养语境下教育目标分类体系的构建逻辑——源自对布鲁姆风格教育目标分类体系的拷问》,《电化教育研究》2018年第6期。

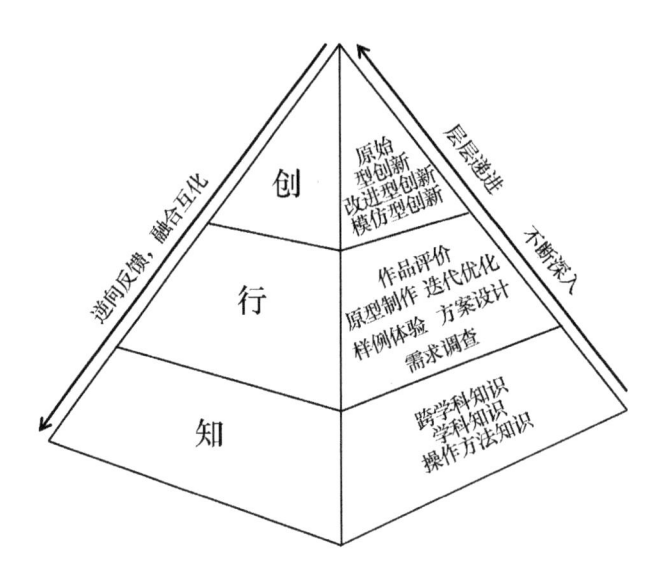

图3-3 中学创客教育中序列化学习活动模型设计的目标

再次，应确保选取的学习活动类型多样，即所识别的活动不仅包括抽象的内隐活动，还应包括具体的外显活动；不仅包括个体学习活动，还应包括群体学习活动；不仅包括实体空间的学习活动，还应包括虚拟空间、融合空间的学习活动。最后，本书探究的是广义层面的创客式教育，所以在识别学习活动时，更应着重关注创客教育理念下的跨学科学习活动。

同时，识别学习活动也应注重教师教学活动与学生学习活动的平衡。虽然本书立足于学生的学习过程，围绕学生的学习活动，探究学生创客学习的机理。但在此过程中，教师的引导作用也无法忽视。因此，为了提升研究的可操作性，本书也将识别一定的教师教学活动，并以学习活动为明线，以教师活动为暗线，共同推动学生在创客教育中实现知行创融合的目标。

面对识别出的创客学习活动，后续还需要发挥创客教育领域专家的作用，根据专家学者提出的建议对所识别出的学习活动进行筛选、补充与修订，以确保所选学习活动的代表性与实践性，从而为构建序列化学习活动模型提供参考。

三 序列化学习活动模型的构建

为了理清创客教育中众多学习活动之间模糊不清、复杂、凌乱的结构关系，以直观形象的方式呈现和揭示学习活动之间存在的层级关系及二元关系，有必要构建序列化学习活动模型，帮助教师从全局视角，客观地分析创客教育中学习活动之间的逻辑关系，明确创客教育中不同学习活动之间的运作机理。为保证设计的科学性与规范性，本书将创新采用科学的方法——解释结构模型法，探究学习活动间的关系，形成序列化学习活动模型，以避免教师依据其个人经验，采用"摸着石头过河"方法设计所带来的学习环节割裂化、教学开展断层化等问题[①]。

解释结构模型法是系统工程学中常用的系统结构分析方法[②]，它可将中学创客教育中无序、离散的学习活动进行分析、排序，形成多级递阶的创客教育学习活动设计模型，并精确地分析不同学习活动之间的逻辑关系（如图3-4所示）。在利用解释结构模型法构建序列化学习活动模型时，主要通过以下几个步骤展开：首先，建立学习活动邻接矩阵，计算形成可达矩阵；其次，进行学习活动的区域分解和级间分解，形成先行集、可达集，呈现层级关系；最后，依据层级关系，确定中学创客教育中序列化学习模型。

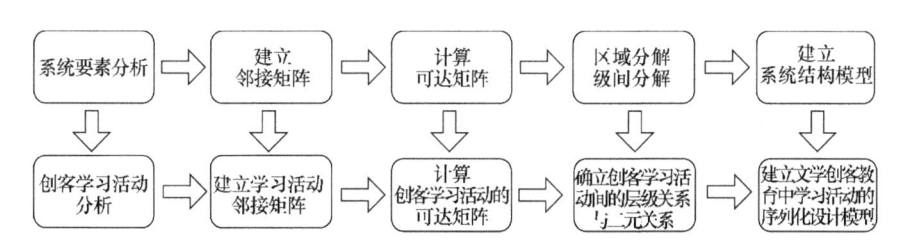

图3-4 基于解释结构模型法分析中学创客教育中学习活动关系的流程

---

① 饶书林、田友谊：《创客教育本质的悖离与回归》，《中国教育学刊》2017年第9期。
② 沈霄凤、范云欢主编：《教育信息处理应用》，华东师范大学出版社2012年版，第67—74页。

利用解释结构模型法构建形成的中学创客教育序列化学习活动模型具有多元、异质、渐进、跨学科等特点（如图2-4所示）。其中，多元指学习活动的数量方面，序列化学习活动模型包含形式多样的学习活动，以满足不同学生的学习需求；异质指学习活动的类型方面，序列化学习活动模型围绕学、问、思、辨等多方面，设计了具有不同功能类型的学习活动，以满足学生在不同学习阶段的学习需求；渐进指学习活动的逻辑方面，序列化学习活动模型依据学生的认知规律和发展阶段安排学习活动的顺序，并保持螺旋式上升的学习趋势，促进学生思维的层层递进；跨学科指学习活动的内容方面，序列化学习活动模型包含形式多样的跨学科学习活动，可引导学生融合多学科知识来解决实际问题。

四 序列化学习活动模型的验证与完善

中学创客教育中序列化学习活动模型研究坚持目标导向和育人导向，利用定量和定性相结合的方法识别、筛选并确定中学创客教育中代表性、实践性学习活动，利用访谈法和问卷调查法确定学习活动之间的"直接顺序"关系，并利用解释结构模型法探究学习活动之间隐含的关系，明确学习活动开展的逻辑与规律，使设计具有了较高的内在效度。然而，虽然本书选取了实践中的学习活动，并通过调研专家的方式，确定学习活动以及学习活动之间的"直接顺序"关系。但总体而言，序列化学习活动模型的外在效度比较薄弱。

为提升序列化学习活动模型的实践性和适用性，笔者将立足于研究的实际情况，对教师与学生进行访谈，引导教师立足于教学实践，从科学性、有效性等角度分析模型层次及序列设计的合理性；引导学生立足其自身学习需求，验证模型中学习活动的功能性与可用性。同时，笔者将结合师生在访谈中提出的改进建议，对序列化学习活动模型做进一步的修正与完善，以提升序列化学习活动模型的外在效度。

五 基于序列化学习活动模型的案例优化

伴随着创客教育的推广普及，创客教育在不同学科领域得到了充分的探索与实践,并产生了多种多样的学习模式。但由于设计者基于的理念不同,学习模式的呈现形式有所不同。但是,无论设计者基于何种设计理念或目标设计创客教学或学习模式,它首先需要确保模式的有效性与功能性,即确保该学习模式遵循学生的认知规律,学生可通过层层递进的学习,实现思维的深化。

为此,在序列化学习活动模型形成后,笔者将选取代表性案例,呈现案例的主要内容、设计意图、流程图等,通过对案例的分析,帮助教师了解"如何利用序列化学习活动模型设计、改善创客教学模式或学习模式"。在案例分析过程中,笔者还将立足于学生知行创的融合发展,从提升创客教育有效性的视角,明确案例设计的优点与薄弱之处,提出相应的改进建议,并结合序列化学习活动模型,绘制形成有效的创客学习流程,促进创客教育提质增效。

六 序列化学习活动模型的应用建议

中学创客教育中序列化学习活动模型研究坚持预设性与生成性的统一,所形成的模型并非提供了固定的学习模式,而是提供了参考模板供教师灵活应用。在创客教育实践中,教师可在学习内容分析、环境支持分析以及学习者分析的基础上,以学生知行创融合的目标为导向,明确学生在创客教育中所需达成的具体学习目标。之后,教师可结合实践现状,依据序列化学习活动模型,从高层次向低层次,依次灵活地选取相应的创客学习活动,组成学习活动序列,并结合特定学习内容等开展具体的教学实践(如图3-5所示)。

然而,应用序列化学习活动模型不仅需要教师自身的努力,而且需要学校、学生、家长及行业的共同推动。其中,学校主要为序列化学习活动模型的应用提供体制机制、空间资源等保障与支持服务;学生作为模型应用的主体,应强化其自身元认知能力,提升其自身反思意识,成为知识与产品的创造者;家长应优化家校共育,探索创客教育在家庭教育中的应用;信息化行业则应深入了解学生的学习需求,为模型的应用提供丰富多样的学习资源及工具支撑。通过多方主体的作用,引导学生从浅层学习逐步过渡至深层学习。

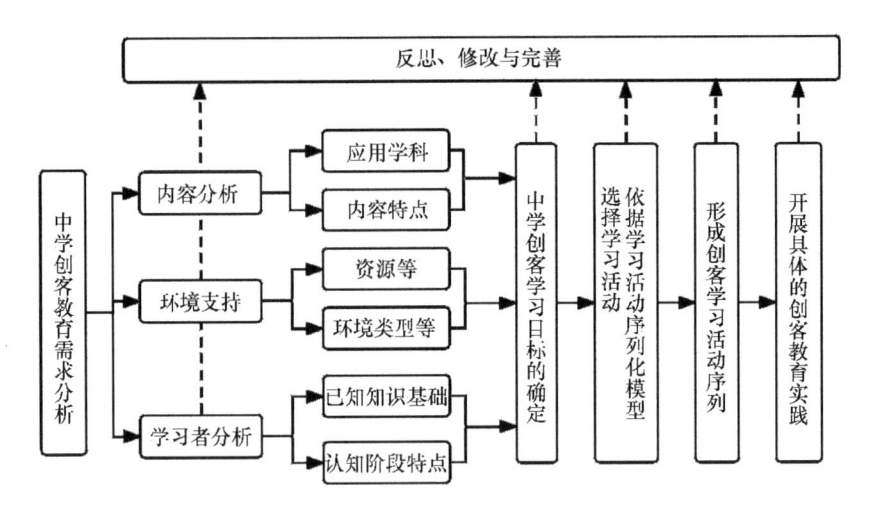

图 3-5 中学创客教育中序列化学习活动模型的应用策略

第四章　中学创客教育中学习活动的识别与确定

在构建序列化学习活动模型前,本书从文献、案例与实践三个方面识别创客学习活动,对学习活动进行总结归纳,并邀请创客教育领域的专家学者对识别出的学习活动进行筛选、修订与完善,有助于确定最终的有效学习活动。

第一节　中学创客教育中学习活动的识别

立足于知行创融合的目标,结合学习活动在相关模式中的内涵,将学习活动分为知识目标维度的学习活动、行动目标维度的学习活动和创造目标维度的学习活动,有助于对学习活动进行归类。

一　识别文献中的学习活动

在创客教育中,相关研究多侧重于创客教学或教育模式的设计,且现有的教学模式或教育模式中既蕴含教师的教学活动,又蕴含学生的学习活动,所以识别和选取中学创客教育模式或教学模式中的学习活动也具有一定的参考价值。

(一) 识别中学创客教育模式及教学模式中的学习活动

在中国知网期刊论文数据库、硕博学位论文数据库分别检索篇名为"创客""教育"以及"创客""教学"的文献,统计时间限定为2022年10月18日。同时,为保证识别出的学习活动具有一定的可靠性,将期刊文献来源类别设置为"CSSCI来源期刊&核心期刊",共检索到相关文献660篇。结合文献研究内容及实践应用对象,剔除其他学段且无明显模式内容的文献,保留富有特色且未有具体学段指代的文献,最终锁定相关文献58篇。

由于文献众多,为使识别过程更富条理性,笔者对相关研究进行了分类,将其划分为中学创客学习活动识别、中学创客式学习活动识别、其他类学习活动识别。其中,在中学创客学习活动识别中,依据创客工具的不同将教育模式及教学模式分为教育机器人、软件编程、机械设计及创意电子主题;在中学创客式学习活动识别中,依据内容特点,将教育模式及教学模式按学科划分。需要指出的是,该分类只是为了更好地梳理识别学习活动,对于内容指代不清晰的文献,将结合文献具体内容进行分类。

1. 中学创客学习活动的识别

在教育机器人主题的文献中,相关研究共有7篇(见附录一)。在分析内容的基础上,对相关学习活动进行选择、归纳与总结。在该主题识别出的学习活动主要有情境感知、知识回顾、资源查找、元件认识、原理分析、问题思考、总结反思、模仿练习、任务分工、预设方案、原型设计、交流分享、作品展示、评价反馈、头脑风暴、拓展创新、创意构思、方案设计、操作练习。

在软件编程主题的文献中,相关研究共有3篇(如表4-1所示)。在分析内容的基础上,对相关学习活动进行归纳与总结。在该主题识别出的学习活动主要有情境感知、资源查找、元件认识、原理分析、阅读观察、总结反思、模仿练习、效果测试、迭代优化、交流分享、作品展示、评价反馈。

表4-1 相关文献中软件编程主题的创客学习活动识别

序号	学习活动	文献名称
1	创设情境、分析、模仿、创意设计、创作、分享、评价与反思	中小学创客教育模式研究——以Scratch课程教学为例[①]

---

① 卢锋:《中小学创客教育模式研究——以Scratch课程教学为例》,硕士学位论文,湖北师范大学,2018年。

第四章 中学创客教育中学习活动的识别与确定

续表

序号	学习活动	文献名称
2	情境创设、基础知识、简单模仿、创意生成、创意设计、动手操作、作品调试、作品制作、作品分享、作品评价、交流讨论、知识学习	创客教育理念下初中生创新思维能力培养的教学设计与实践研究——以初中 mBlock 编程为例①
3	搜集素材、放松心情、阅读观察、画流程图、工具使用、探究思考、作品介绍、互动交流、评价反思总结	基于新型"主体活动探究式"的创客教育教学设计研究与实践——以初中 App inventor 课程为例②

在机械设计主题的文献中，相关研究共有 7 篇（如表 4-2 所示）。结合不同文献中学习活动的具体内涵，对相关学习活动进行归纳与总结。在该主题识别的学习活动主要有需求分析、情境感知、资源查找、原理分析、问题思考、总结反思、现状调研、自主选题、制订计划、任务分工、预设方案、方案优化、可行性评估、原型设计、外观美化、效果测试、迭代优化、交流分享、作品展示、评价反馈、头脑风暴、想法聚类。

表 4-2　相关文献中机械设计主题的创客学习活动识别

序号	学习活动	文献名称
1	了解情境、现状调研、提出问题、需求分析、深入探索、分析主题、头脑风暴、思维导图、预设方案、可行性评估、明确需求、提出假设、问题聚焦、分析价值、确定主题、想法聚类、绘制草图、草图优化、设计模型、模型优化、效果测试、优化改进、分享交流、评价反馈、完善方案	基于设计思维的创客教育教学模式设计与应用研究——以 3D 设计与打印课程为例③

---

① 娄赛华：《创客教育理念下初中生创新思维能力培养的教学设计与实践研究——以初中 mBlock 编程为例》，硕士学位论文，上海师范大学，2020 年。

② 李正想：《基于新型"主体活动探究式"的创客教育教学设计研究与实践——以初中 App inventor 课程为例》，硕士学位论文，渤海大学，2018 年。

③ 李彤彤：《基于设计思维的创客教育教学模式设计与应用研究——以 3D 设计与打印课程为例》，硕士学位论文，华东师范大学，2019 年。

续表

序号	学习活动	文献名称
2	资料查阅，发散思维；头脑风暴，确定主题；小组协作，自主设计方案；3D 建模，作品打印；分享交流，自我反思	设计思维支持下的创客教学活动设计与实践研究——以兰州市某中学 3D 打印校本课程为例①
3	表达观点，识别任务；交流信息，制订计划；执行计划，作品制作；评估作品，改进作品	基于协作问题解决的创客教学活动设计与实践研究——以 3D 设计与打印课程为例②
4	感知情境，思考问题；参与讨论，确定问题；各抒己见，交流讨论；小组合作，合理分工，原型设计及制作；分享制作过程，组间评价，组内评价	基于设计思维的创客教育教学设计研究——以初中 3D 打印创意作品类为例③
5	研究课题的确定，明确任务；创客活动分工；创客活动的开展；分享交流；总结反思	基于 3D 打印技术的创客教育在初二物理教学中的实践研究④
6	明确任务、设计探究、交流分享、修正完善、设计草图、讨论交流、修改完善、建模作品、作品展示、评价分析、交流分享、修改完善	基于设计型学习理念的创客教学实践研究——以 3D 打印课程为例⑤
7	产品立项、问题提出、问题研讨、目标建立、产品调研、产品设计分析、产品设计、产品原型制作、产品评估	"创客+" 3D 打印实践教学方法研究⑥

---

① 辛越：《设计思维支持下的创客教学活动设计与实践研究——以兰州市某中学 3D 打印校本课程为例》，硕士学位论文，西北师范大学，2020 年。

② 刘钦：《基于协作问题解决的创客教学活动设计与实践研究——以 3D 设计与打印课程为例》，硕士学位论文，西北师范大学，2021 年。

③ 高雪玉：《基于设计思维的创客教育教学设计研究——以初中 3D 打印创意作品类为例》，硕士学位论文，海南师范大学，2022 年。

④ 梁东沃：《基于 3D 打印技术的创客教育在初二物理教学中的实践研究》，硕士学位论文，广州大学，2019 年。

⑤ 刘文轩：《基于设计型学习理念的创客教学实践研究——以 3D 打印课程为例》，硕士学位论文，华中科技大学，2020 年。

⑥ 吴涛、刘新、朱瑞富等：《"创客+" 3D 打印实践教学方法研究》，《实验技术与管理》2019 年第 6 期。

第四章　中学创客教育中学习活动的识别与确定

在创意电子主题的文献中，相关研究共有 7 篇（如表 4-3 所示）。在分析内容的基础上，排除核心含义相同但表意不同的学习活动，对相关学习活动进行归纳与总结。在该主题识别出的学习活动主要有情境感知、资源查找、元件认识、原理分析、问题思考、范例展示、模仿练习、自主选题、制订计划、任务分工、方案优化、配置资源与环境、原型设计、迭代优化、交流分享、作品展示、评价反馈、方案设计、头脑风暴、作品创新、创意构思。

表 4-3　相关文献中创意电子主题的创客学习活动识别

序号	学习活动	文献名称
1	创设情境、简单任务、知识讲解、扩展任务、创新激发、协同创作、作品分享、评价反思	基于初中科技实验室的创客教学模式构建研究①
2	感知情境，明确主题；领悟编程知识，制订项目计划；自主探究，编写程序；选取材料，小组分工，合作搭建；针对存在的问题思考解决方案，修改程序，调试作品，分组展示，交流个人评价	面向计算思维能力培养的初中创客课程教学模式研究②
3	感知情境、确定目标、自学完成课前任务、探究作品、小组分工、任务模仿、选定项目、小组合作、方案设计、项目实施、项目展示、交流互动、成果自评、同伴评价	基于网络学习空间的中学创客教学模式研究③
4	创设情境、确定主题、创意设计、作品制作、展示评价、迭代设计	基于创客教育培养初中生创新能力的教学设计与实践——以银川市 S 中学为例④

---

① 付玲：《基于初中科技实验室的创客教学模式构建研究》，硕士学位论文，河北科技师范学院，2017 年。

② 李可珍：《面向计算思维能力培养的初中创客课程教学模式研究》，硕士学位论文，华中师范大学，2022 年。

③ 李倩楠：《基于网络学习空间的中学创客教学模式研究》，硕士学位论文，河南师范大学，2019 年。

④ 赵巧：《基于创客教育培养初中生创新能力的教学设计与实践——以银川市 S 中学为例》，硕士学位论文，宁夏大学，2022 年。

续表

序号	学习活动	文献名称
5	情景创设、案例资源呈现、明确任务、申请项目、搜集资料、交流分享、制定方案、讨论交流、修正完善、制作作品、作品展示、评价总结、作品完善、发布作品	基于设计型学习的创客教学模式设计与实践研究①
6	分析情境，收集资料，明确问题；小组讨论，思路梳理，想法阐述，分享互评，主题确定；头脑风暴，组内交流，想法收集，草图绘制，分享互评，方案制定；分工合作，制作作品，记录问题，交流研讨，修改方案，优化作品；成果展示，交流互评，反思记录	基于设计思维的初中Arduino创客教学活动设计研究②
7	情景引入，建立概念；动手实践，发现问题；师生互动，突破难点；教学评价	创客教育的教学实践研究——以Snap+Arduino平台为例③

2. 中学创客式学习活动的识别

创客式学习活动多集中于信息技术、物理、化学、生物、美术及科学等学科中。其中，在创客教育理念下的信息技术教学文献中，相关研究共有11篇（见附录二）。在分析内容的基础上，对相关学习活动进行筛选、归纳与总结，识别出的学习活动主要有情境感知、原理分析、总结反思、任务分工、原型设计、方案设计、迭代优化、交流分享、作品展示、评价反馈、作品创新。

在创客教育理念下的物理教学文献中，相关研究共有6篇（如表4-4所示）。在分析内容的基础上，对相关学习活动进行归纳与总结，识别的学习活动主要有课前预习、情境感知、元件认识、原理分析、问题思考、总结反思、模仿练习、任务分工、辅助引导、原型设

---

① 李婷：《基于设计型学习的创客教学模式设计与实践研究》，硕士学位论文，西北师范大学，2018年。
② 杨文杰：《基于设计思维的初中Arduino创客教学活动设计研究》，硕士学位论文，河北大学，2020年。
③ 郝新春：《创客教育的教学实践研究——以Snap+Arduino平台为例》，《中国电化教育》2018年第7期。

计、迭代优化、交流分享、作品展示、作品推广、创意构思。

表 4-4　　　　相关文献中物理创客学习活动的识别

序号	学习活动	文献名称
1	情景启发，任务确定；小组讨论，构思创新；动手操作，创意实现；作品分享，评价改进	基于创客教育理念的初中物理课外实验教学与实践[1]
2	选定项目、知识教学、创客教学、造物指导、成果共享	将创客教育融入中学物理课堂初探[2]
3	创设情境、课前预习、情怀故事引入、简单任务模仿、知识要点讲解、扩展任务模仿、创新激发引导、协同任务完成、成功作品分享、相互交流、总结反思、完善作品	创客教育理念下初中物理教学设计与实践研究[3]
4	兴趣挖掘、理论基础、资料收集、问题发现、小组讨论、问题分析、方案设计、分工制作、动手实践、交流讨论、教师指导、作品展示	基于初中"非常规"物理实验的创客教育实践[4]
5	因势创设情境，提出项目任务；初步设计方案，对比分析优劣；初尝成功喜悦，提出改进要求；学生实践制作，成果交流展示；结合教材新知，创新设计作品	融入创客教育理念提升物理学科核心素养——以"互感与自感"教学为例[5]
6	感知问题情境、小组分工、问题细化、合作探究、实践操作、作品展示、评价、修改、创新、总结反思、迁移应用	基于创客教育的初中物理课堂学生参与度及影响因素探究[6]

---

[1] 李晶晶：《基于创客教育理念的初中物理课外实验教学与实践》，硕士学位论文，西南大学，2021年。
[2] 杨雪：《将创客教育融入中学物理课堂初探》，硕士学位论文，云南师范大学，2017年。
[3] 车倩：《创客教育理念下初中物理教学设计与实践研究》，硕士学位论文，石河子大学，2021年。
[4] 付彬：《基于初中"非常规"物理实验的创客教育实践》，硕士学位论文，内蒙古师范大学，2017年。
[5] 丁洪良：《融入创客教育理念提升物理学科核心素养——以"互感与自感"教学为例》，《物理教学》2021年第12期。
[6] 李伟：《基于创客教育的初中物理课堂学生参与度及影响因素探究》，硕士学位论文，延安大学，2021年。

在创客教育理念下的化学教学文献中，相关研究共有两篇（如表4-5所示）。在分析内容的基础上，对学习活动进行归纳与总结，识别出的学习活动主要有课前预习、情境感知、元件认识、原理分析、总结反思、原型设计、交流分享、评价反馈、作品创新、创意构思。

表4-5　　　　　相关文献中化学创客学习活动的识别

序号	学习活动	文献名称
1	微课学习、课前预习、创立新颖想法、小组合作交流创意、设计实验方案；动手实验、分享评价作品、归纳总结、解决问题、观看微课、发散思维、拓展新知	创客教育理念下的初中化学实验教学研究与实践①
2	创设情境、探究知识、要点讲解、小组讨论、作品制作、评价反馈	基于STEAM的化学创客教育活动设计与应用研究②

在创客教育理念下的生物、科学、美术及音乐教学文献中，相关研究共有4篇（如表4-6所示）。在分析内容的基础上，对学习活动进行归纳与总结，识别的学习活动主要有情境感知、原理分析、总结反思、任务分工、原型设计、方案设计、迭代优化、交流分享、作品展示、评价反馈、作品创新、作业布置。

表4-6　　　　　相关文献中生物、科学、美术与音乐
　　　　　　　　创客学习活动的识别

序号	学习活动	文献名称
1	情景启发，作品展示；观摩展示，探究作品；作品分析，知识讲解；小组协作，作品创新；创意分享，评价改进	基于初中生物学（人教版）实验教学的创客教育研究——以江门市为例③

---

① 梅新兰：《创客教育理念下的初中化学实验教学研究与实践》，硕士学位论文，石河子大学，2020年。
② 刘玲：《基于STEAM的化学创客教育活动设计与应用研究》，硕士学位论文，宁夏大学，2020年。
③ 陈玉兰：《基于初中生物学（人教版）实验教学的创客教育研究——以江门市为例》，硕士学位论文，广州大学，2018年。

续表

序号	学习活动	文献名称
2	创设情景、明确主题、确定任务、熟悉知识与工具、方案设计、解释改进、制作与测试、分析评估、优化、延伸拓展、成果展示、评价、总结反思	基于创客教育理念的初中科学拓展性课程设计与实践研究①
3	基础知识学习与建构设计思维、设计创意的制作与创新、自主学习与创意探究、思维拓展与延伸、学习与思考、小组合作式实践活动、展示与评价	基于创客教育的初中美术项目课程的设计与实施②
4	趣味性视频导入、学生明确学习任务与目标、教师讲解具体内容、学生理解课堂内容、学生分组讨论操作、学生完成相关项目、师生互评、布置作业	创客教育与初中音乐学科教学的融合及应用——以制作个性化乐器辅助教学为例③

3. 其他综合类学习活动的识别

在创客教育相关文献中，其他无具体学段及学科指代，且含创客教育模式及教学模式的相关研究共有11篇（见附录三）。在分析内容的基础上，对相关学习活动进行归纳与总结，识别出的学习活动主要有情境感知、知识回顾、资源查找、评价标准确定、自主选题、辅助引导、原型设计、方案设计、效果测试、迭代优化、交流分享、作品展示、评价反馈、作品推广、创意构思。

（二）识别中学创客教育学习模式或流程中的学习活动

在中国知网期刊论文数据库、硕博学位论文数据库分别检索题目为"创客""学习"的文献，统计时间限定为2022年11月18日。同时，为保证识别出的学习活动具有可靠性，故将期刊文献来源类别设置为"CSSCI来源期刊＆核心期刊"，共检索到相关文献39篇。结合

---

① 金春辉：《基于创客教育理念的初中科学拓展性课程设计与实践研究》，硕士学位论文，杭州师范大学，2019年。
② 曹丽君：《基于创客教育的初中美术项目课程的设计与实施》，硕士学位论文，上海师范大学，2020年。
③ 于彩雯：《创客教育与初中音乐学科教学的融合及应用——以制作个性化乐器辅助教学为例》，硕士学位论文，深圳大学，2018年。

相关文献的研究内容及应用对象，剔除其他学段且无明显模式内容的文献，保留创客教育领域富有特色且未有具体学段指代的文献，最终锁定相关文献19篇。

相关文献中涉及创客学习模式及学习流程的研究较少，为使学习活动的识别过程更富条理化，故将文献中学习活动的识别划分为中学创客学习活动的识别、中学创客式学习活动的识别及其他综合类创客学习活动的识别。

1. 中学创客学习活动的识别

创客学习模式或学习流程中多以3D打印等机械设计、软件编程、教育机器人及创意电子为主要学习工具，相关文献共有5篇，（如表4-7所示）。在分析内容的基础上，对相关学习活动进行归纳与总结，识别出的学习活动主要有需求分析、元件认识、原理分析、问题思考、自主选题、制订计划、任务分工、辅助引导、原型设计、方案设计、迭代优化、交流分享、作品展示、评价反馈、创意构思。

表4-7　相关文献中创客学习模式及流程的学习活动识别

序号	主要学习活动	文献名称
1	选择项目、了解任务、意义建构、知识迁移、交流学习、自评互评	中小学创客教育学习平台及评价模式的设计与实现——以mCookie创意编程为例[①]
2	发现问题，定义产品需求；观点交流，确定构思方向；确定设计方案，完成草图绘制；设计产品功能，分解程序流程；确定材料，完成原型构建；尝试操作，模拟运行；反思优化；展示分享，同伴互评	基于CDIO的初中创客学习活动设计与实践研究[②]

[①] 田丽月：《中小学创客教育学习平台及评价模式的设计与实现——以mCookie创意编程为例》，硕士学位论文，中央民族大学，2018年。

[②] 吴茹：《基于CDIO的初中创客学习活动设计与实践研究》，硕士学位论文，山东师范大学，2022年。

续表

序号	主要学习活动	文献名称
3	确定项目、确定驱动问题、引入学习情景、学生分组、明确分工、制订项目计划书、小组讨论、教师指导、深入探究、绘制设计图、3D建模、打印作品、小组汇报、教师点评、修订完善作品、自评与互评、反思记录	基于项目学习的创客活动设计研究——以《3D创新制作》课程为例①
4	确定大主题、发掘深层需求或痛点、确定各组的作品风格、发散想法并绘制设计图、汇聚多重想法并确定唯一设计方案、根据需求开发micro：bit代码、动手创作并改进迭代、快速完成原型作品、学生展示并介绍作品、得到客户反馈评价、学生自我反思创造过程	融合设计思维的初中micro：bit创客学习活动的设计与实施②
5	搭建脚手架、进入情境、独立探索、效果评价	提高学生代码学习兴趣的Arduino创客项目学习设计研究③

2. 中学创客式学习活动的识别

创客式学习模式或学习流程是广义层面的创客教育，侧重于不同学科进行实践与应用，相关文献共有1篇（如表4-8所示）。在分析内容的基础上，对相关学习活动进行归纳与总结，识别出的学习活动主要有范例展示、总结反思、现状调研、方案设计、交流分享、作品展示、评价反馈。

表4-8　相关文献中创客式学习模式及流程的学习活动识别

序号	主要学习活动	文献名称
1	驱动型问题探讨、书架设计欣赏、学习书架设计要素、完成分组工作、制作问卷调查表、问卷数据汇报、实地考察、方案设计、交流欣赏、确定方案、制作邀请函、布置展示会场、展示交流、成果归档、评价与反思	基于创客理念的初中"设计·应用"学习领域的课程与教学的研究④

---

① 徐颂凯：《基于项目学习的创客活动设计研究——以〈3D创新制作〉课程为例》，硕士学位论文，河南大学，2018年。

② 刘佳宜：《融合设计思维的初中micro：bit创客学习活动的设计与实施》，硕士学位论文，上海师范大学，2020年。

③ 高思鑫：《提高学生代码学习兴趣的Arduino创客项目学习设计研究》，硕士学位论文，上海师范大学，2017年。

④ 李凯月：《基于创客理念的初中"设计·应用"学习领域的课程与教学的研究》，硕士学位论文，华东师范大学，2019年。

3. 其他综合类学习活动的识别

其他综合类创客学习模式或学习流程无具体的学习工具、学科及学段指代，是创客教育领域富有特色及代表性的模式或流程，相关文献共有13篇（见附录四）。在分析内容的基础上，对相关学习活动进行归纳与总结，识别出的学习活动主要有需求分析、情境感知、资源查找、评价标准确定、问题思考、总结反思、模仿练习、现状调研、自主选题、任务分工、原型设计、方案设计、效果测试、迭代优化、交流分享、作品展示、评价反馈、头脑风暴、作品推广、创意构思。

(三) 相关文献中学习活动的归纳总结

文献中的创客学习活动内涵丰富，在知识、行动、创新三个目标维度均有所涉及。结合文献中学习活动的内涵与目的，文献中共识别、梳理得到以下学习活动：课前预习、需求分析、情境感知、知识回顾、阅读观察、资源查找、元件认识、原理分析、评价标准确定、作业布置、问题思考、总结反思、范例展示、模仿练习、现状调研、自主选题、制订计划、任务分工、预设方案、方案优化、可行性评估、辅助引导、配置资源与环境、原型设计、外观美化、效果测试、迭代优化、交流分享、作品展示、评价反馈、头脑风暴、想法聚类、作品创新、作品推广、创意构思。

二 识别案例中的学习活动

创客教育案例中的学习活动具有一定的实践性和可操作性，是开展中学创客教育中序列化学习活动模型设计的重要补充。本书主要选取书籍、网络中具有代表性的创客教育案例。其中，书籍主要选取创客教育领域的代表性图书，如中小学智能创客课程编写组编著的《创客作品设计与制作》，谢作如等编著的《数字时代的创造性学习——创客教育实践》，中国教育信息化创客教育研究中心指导用书《电脑创作》（初中第一册）、《创意呈现》（初中第二册）、《信息学初步》（初中第三册）（具体如4-9所示）；网络案例主要检索创客教育领域具有区域代表性的专家或一线教师所设计的案例，如温州中学的谢作如、北京景山学校的吴俊杰等，检索案例多来源于《中国信息技术教育》《中小学信息技术教育》等相关公众号、名师工作室及个人博客。

表4-9　　　　　　　案例学习活动的著作来源

著作名称	出版社	编著者
《创客作品设计与制作》	广东教育出版社	中小学智能创客课程编写组
《数字时代的创造性学习——创客教育实践》	河北教育出版社	谢作如、刘正云、张敬云
《电脑创作》	清华大学出版社	胡永跃、袁港、赵超鸿等
《创意呈现》	清华大学出版社	胡永跃等
《信息学初步》	清华大学出版社	陈明宏、宋新波、熊超等

（一）中学创客学习活动识别

结合案例内容的特点，依据创客工具的不同，将中学创客学习活动识别分为教育机器人、软件编程、机械设计以及创意电子主题。需要指出的是，该分类只是为了更好地梳理和识别创客学习活动，对于主题指代不清的案例，将结合具体内容作具体分析。

1. 教育机器人主题

在教育机器人主题中，相关案例共有3篇（如表4-10所示）。由于案例中的学习活动较为具体，故对相关学习活动进行归纳与总结。其中，在该主题中识别出的学习活动主要有情境感知、原理分析、质疑澄清、问题思考、范例展示、模仿练习、方案优化、原型设计、效果测试、迭代优化、交流分享、作品展示、评价反馈。

表4-10　　相关案例中教育机器人主题的创客学习活动识别

序号	案例名称	学习活动	案例来源/设计者
1	虫虫机器人	播放视频、观察实物、问题思考、制作外形、编写程序、调试功能、交流疑惑、多元展示、方案改进	创客嘉年华上海蘑菇云[1]

---

[1] 谢作如、刘正云、张敬云：《数字时代的创造性学习——创客教育实践》，河北教育出版社2021年版，第120—122页。

续表

序号	案例名称	学习活动	案例来源/设计者
2	基于创客教育理念的机器人教学设计框架建构	创设问题情境、作品模仿、作品搭建、查找资料、互相讨论、作品再设计、创作故事、展示与分享、效果评价	李燕飞等[1] 江南大学教学评估与教师卓越中心
3	用虚谷号做一个"吟诗作对上午机器人"	原理分析、原型设计、编程控制、功能测试	舒春平等[2] 浙江省温州中学

2. 软件编程主题

在软件编程主题中,相关案例共有7例(如表4-11所示)。在分析内容的基础上,对学习活动进行归纳与总结。其中,在该主题中识别出的学习活动主要有阅读观察、元件认识、原理分析、总结反思、自主选题、原型设计、方案设计、效果测试、交流分享、作品创新。

表4-11 相关案例中软件编程主题的创客学习活动识别

序号	案例名称	学习活动	案例来源/设计者
1	给App插上"云服务"的翅膀[3]	项目描述,项目分析、编程实现、拓展应用、总结	谢作如 浙江省温州中学
2	用Python实现图片"隐写术"[4]	原理分析、编程实现、代码编写、项目总结	谢作如 浙江省温州中学
3	用Python让多人"共享"扫描仪[5]	思路分析、功能测试、代码编写、系统应用、拓展思考	谢作如等 浙江省温州中学

---

[1] 李燕飞、杨延、郑建双等:《基于创客教育理念的机器人教学设计框架建构》,《中国信息技术教育》2017年第24期。

[2] 转引自谢作如、刘正云、张敬云《数字时代的创造性学习——创客教育实践》,河北教育出版社2021年版,第245—250页。

[3] 谢作如:《给App插上"云服务"的翅膀》,《中国信息技术教育》2014年第21期。

[4] 谢作如:《用Python实现图片"隐写术"》,《中国信息技术教育》2022年第19期。

[5] 谢作如、谢集:《用Python让多人"共享"扫描仪》,《中国信息技术教育》2021年第1期。

续表

序号	案例名称	学习活动	案例来源/设计者
4	设计一个多人互动游戏——以"赛龙舟"为例①	开发工具准备、代码编写、游戏测试	谢作如等 浙江省温州中学
5	用"智能"的方式挑战"小恐龙"游戏②	技术分析（游戏观察、流程图绘制）、核心算法解决、代码实现、测试	谢作如等 浙江省温州中学
6	用Scratch来模拟肺炎传染有多可怕③	作品规划、角色设计、工作流程、程序编写、模拟测试	苗森等 浙江省杭州市上城区教育学院
7	语音新闻④	确定主题、提出方案、设计程序、调试运行、交流分享	胡永跃

3. 机械设计主题

在机械设计主题中，相关案例共有6例（如表4-12所示）。在分析内容的基础上，对相关学习活动进行归纳与总结。其中，在该主题中识别出的学习活动主要有情境感知、资源查找、元件认识、问题思考、总结反思、范例展示、自主选题、制订计划、任务分工、原型设计、方案设计、交流分享、作品展示、头脑风暴、作品推广。

表4-12 相关案例中机械设计主题的创客学习活动识别

序号	案例名称	学习活动	案例来源/设计者
1	追光猎手⑤	展示作品、认识元件、学习焊接方法、焊接电路、制作底盘、展示作品、问题反思	创客嘉年华 上海蘑菇云

---

① 谢作如、陆雅楠：《设计一个多人互动游戏——以"赛龙舟"为例》，《中国信息技术教育》2019年第17期。

② 谢作如、刘正云、张敬云：《数字时代的创造性学习——创客教育实践》，河北教育出版社2021年版，第238—244页。

③ 苗森、谢作如：《用Scratch来模拟肺炎传染有多可怕》，《中国信息技术教育》2020年第5期。

④ 胡永跃主编：《创意呈现》，清华大学出版社2020年版，第77—79页。

⑤ 谢作如、刘正云、张敬云：《数字时代的创造性学习——创客教育实践》，河北教育出版社2021年版，第115—118页。

续表

序号	案例名称	学习活动	案例来源/设计者
2	制作班徽①	确定主题，制定规划；素材搜集，加工处理；选择工具，制作作品；作品呈现，分享交流	胡永跃等
3	激光切割小宠物②	模型观察、问题思考、绘制造型、分解部件、激光切割、分享经验、反思问题、总结技巧	创客嘉年华 上海蘑菇云
4	3D打印制作感应风扇③	情景引入、头脑风暴、确定问题、了解电子元器件、3D建模设计、组合拼装、交流评价	王奇伟等 上海世界外国语中学
5	3D创意设计④	项目选题、收集资料、制订计划、方案设计、作品创作、分享评价	王瑞等 郑州市第二中学
6	移民月球⑤	真实情境，头脑风暴；整合思维，形成主题；分工合作，方案设计；交流讨论，优化方案；探究学习，补充知识；技术运用，媒体融合；合成作品，展示发布；分享交流，迭代优化	胡永跃

4. 创意电子主题

在创意电子主题中，相关案例共有32例（见附录五）。在分析内容的基础上，对学习活动进行筛选、归纳与总结。其中，识别的学习活动主要有需求分析、情境感知、阅读观察、元件认识、原理分析、质疑澄清、问题思考、总结反思、范例展示、现状调研、自主选题、制订计划、任务分工、可行性评估、辅助引导、配置资源与环境、原

---

① 胡永跃主编：《电脑创作》，清华大学出版社2020年版，第2—22页。
② 转引自谢作如、刘正云、张敬云《数字时代的创造性学习——创客教育实践》，河北教育出版社2021年版，第122—124页。
③ 王奇伟、朱亚萍、陈蕾蕾：《创客教育背景下的创意设计课程实施——以初中〈3D打印制作感应风扇〉课程为例》，《中小学信息技术教育》2016年第8期。
④ 王瑞、靳大林、蒋立春：《科技社团活动促进创客教育发展的实践研究——以郑州二中开展3D创意设计为例》，《电脑知识与技术》2018年第1期。
⑤ 胡永跃主编：《创意呈现》，清华大学出版社2020年版，第32—48页。

型设计、外观美化、方案设计、效果测试、迭代优化、交流分享、作品展示、评价反馈、头脑风暴、作品创新、作品推广。

(二) 中学创客式学习活动的识别

目前,教育领域多以开展狭义层次的创客教育为主,而广义层面的创客式教育的案例偏少,相关案例共有3例(如表4-13所示)。在分析内容的基础上,对相关学习活动进行归纳与总结,在该主题中识别出的学习活动主要有课前预习、情境感知、问题思考、总结反思、原型设计、方案设计、交流分享、作品展示、评价反馈、作品创新。

表4-13　　　相关案例中创客式教育的学习活动识别

序号	案例名称	学习活动	案例来源/设计者
1	创客教育理念下的通用技术教学模式构建与实践①	创设情境、布置任务;问题导引、新知探究;形成方案、制作作品;展示交流、多元评价;反思总结、拓展提升	赵洋 安徽省亳州市第二完全中学
2	望月怀远	准备活动、潜心创作、作品展示、课后反思	语文创客空间
3	创客教育背景下项目式学习的探究——以郑州二中为例②	项目式学习启动、组建小组和确定项目主题、管理项目学习、课下活动课上分享、展示与发布	王瑞 郑州市第二中学

(三) 相关案例中学习活动的归纳总结

结合学习活动的具体内涵,对案例中识别的学习活动进行归纳与整理,剔除含义相同的学习活动,共得到以下有效学习活动:课前预习、需求分析、情境感知、阅读观察、资源查找、元件认识、原理分析、质疑澄清、问题思考、总结反思、范例展示、模仿练习、现状调研、自主选题、制订计划、任务分工、预设方案、方案优化、可行性

---

① 赵洋:《创客教育理念下的通用技术教学模式构建与实践》,《中国信息技术教育》2021年第17期。
② 王瑞:《创客教育背景下项目式学习的探究——以郑州二中为例》,《中小学信息技术教育》2016年第8期。

评估、辅助引导、配置资源与环境、原型设计、外观美化、效果测试、迭代优化、交流分享、作品展示、评价反馈、头脑风暴、作品创新、作品推广。

三 识别实践中的学习活动

受疫情等因素影响，在识别实践中的学习活动时，将选取创客教育优质课大赛、教学展评活动的相关课程实录进行识别分析。笔者将截止时间设置为2023年11月5日，通过资料查询，在郑州创客教育资源平台、优质课官网创客教育专栏、众华听课网共搜集到中学创客教育优质课课堂实录31个，排除无效课堂实录，保留有效课堂实录27个。依据研究主题和内容，笔者将实践中学习活动识别划分为中学创客学习活动识别、中学创客式学习活动识别三类。

（一）中学创客学习活动的识别

依据创客工具的不同，课堂实录可划分为创意电子、软件编程、机械设计及其他四个主题。需要指出的是，该分类只是为了更好地梳理课堂实录中的学习活动，对于一些内容指代不清晰的课堂实录，将结合具体内容进行分类。

1. 创意电子主题

在开源硬件主题中，相关课堂实录共有8项（如表4-14所示）。分析内容并对学习活动进行归纳总结，在该主题中识别出的学习活动主要有情境感知、阅读观察、原理分析、质疑澄清、问题思考、总结反思、模仿练习、方案优化、原型设计、效果测试、迭代优化、交流分享、作品展示、评价反馈、设计方案、头脑风暴、作品创新。

表4-14 相关实践中创意电子主题的创客学习活动识别

序号	实践主题	实践活动	设计来源
1	水火箭	情境感知、原理分析、问题思考、讨论、设计方案、分享设计方案、材料确定、作品制作、作品展示、小组讨论、作品创新、头脑风暴、方案完善、迭代优化、启发创新设计、作品再展示、评估与交流	郑州市第一二二中学

续表

序号	实践主题	实践活动	设计来源
2	自制风扇	创设情境，激发兴趣；观察讨论，建立概念；动手制作，合作探究；进行展示，发现问题；拓展延伸，服务生活	郑州市惠济区一中
3	表达我的梦想——制作激光防护网	情境导入、小组讨论、技术分析、问题思考、作品制作、作品展示、知识技巧总结、经验总结与反思	郑州市中原区第一中学
4	学做视力保护提醒器	创设情境、导入课题；介绍原理，学习电路搭建的原理；小组合作，动手搭建电路；展示创意外观，介绍作品；评比与颁奖	郑州市第八十四中学
5	智能调光灯	情境导入、任务明确、目标明确、观察学习、技术分析、动手操作、硬件连接、编写程序、设计创意作品、作品展示、知识点拨、作品测试、思维拓展、作品优势分析、作品应用场景探索	郑州市第一〇三中学
6	初识 Arduino	视频播放、头脑风暴、工具介绍、知识建构、功能观察、自主学习、工具体验、编程实现、拓展练习、疑惑分享	郑州市第三十一中学
7	智能门铃——按钮控制蜂鸣器发声	创设情境，教学导入；明确目标，尝试操作；解决疑难，完善作品；交流反馈，拓展延伸	郑州市一〇三中学
8	光之源	热身导入、背景学习、实践体验、拓展提升	郑州市第六十六中学

2. 机械设计主题

在机械设计主题中，相关课堂实录共有 5 项（如表 4 - 15 所示）。在分析内容的基础上，对学习活动进行归纳与总结。其中，在该主题中识别出的学习活动主要有知识回顾、元件认识、质疑澄清、问题思考、总结反思、范例展示、模仿练习、辅助引导、原型设计、效果测试、迭代优化、交流分享、作品展示、评价反馈、头脑风暴、作品创新。

表4–15　　相关实践中机械设计主题的创客学习活动识别

序号	实践主题	实践活动	设计来源
1	专属吊环	问题思考、样例展示、工具认识、知识讲解、视频学习、灵感设计、作品制作、作品展示、辅助答疑、思路分享、自我反思、同伴互评、作品改进、知识要点提示	郑州市上街实验初级中学
2	打印校徽	知识回顾、问题思考、微课学习、工具操作练习、制作体验、作品展示	郑州市第五十七中学
3	承重结构设计制作	情境导入、结构设计、草图呈现、方案分享、结构制作、效果测试、制作反思、经验总结、知识点拨	郑州市第三十四中学
4	美丽家园	问题思考、案例分析、方案探寻、分享想法、作品设计、作品分享、作品点评、拓展提升	郑州市第七十三中学
5	电路的焊接	提出问题、观看视频、问题思考、安全提醒、器材任务、小组合作、任务操作、小组展示、分享成果、教师评价	郑州市第八十中学

3. 软件编程主题

在机械设计主题中，相关课堂实录共有3项（如表4–16所示）。在分析内容的基础上，对相关学习活动进行筛选、归纳与总结。其中，在该主题中识别出的学习活动主要有元件认识、原理分析、问题思考、总结反思、范例展示、模仿练习、原型设计、效果测试、迭代优化、交流分享、作品创新。

表4–16　　相关实践中编程主题的创客学习活动识别

序号	实践主题	实践活动	来源
1	小猫闯迷宫	样例展示、问题思考、图层分析、操作演示、工具功能介绍、编程实现、作品上传、作品展示、作品问题分析、迭代完善	郑州市第二外国语学校

续表

序号	实践主题	实践活动	来源
2	趣味编程跟我来	图片欣赏、情境导入、提出问题、确立算法、画出流程图、教师展示、编写程序、调试运行、课下思考	郑州市第四十四中学
3	超级轨迹赛搭建图	器材介绍、操作演示、学生组装、程序编写、作品实现、知识巩固、小组分享、应用深化	郑州市登封第三初级中学

4. 其他类主题

其他类别相关课堂实录共有2项（如表4-17所示）。在分析内容的基础上，对相关学习活动进行筛选、归纳与总结。其中，在该主题中识别出的学习活动主要有知识回顾、原理分析、问题思考、范例展示、模仿练习、任务分工、配置资源与环境、原型设计、效果测试、迭代优化、作品创新。

表4-17　　相关实践中其他类创客学习活动的识别

序号	实践主题	实践活动	来源
1	空气与飞行	问题提问、概念讲解、实验演示、游戏体验、原理分析、作品制作、作品测试、作品展示、知识拓展、原理深化	郑州经济技术开发区第六中学
2	F1赛车车速的提升	知识回顾、范例展示、技术分析、材料确定、分组合作、作品组装、作品测试、问题思考、应用拓展、迭代测试	郑州外国语中学

（二）中学创客式学习活动的识别

在创客式教育中，相关课堂实录共有9项（如表4-18所示）。在分析内容的基础上，对相关学习活动进行筛选、归纳与总结。其中，在该主题中识别出的学习活动主要有情境感知、知识回顾、阅读观察、原理分析、质疑澄清、作业布置、问题思考、总结反思、自主选题、辅助引导、原型设计、迭代优化、交流分享、作品展示、评价反馈、头脑风暴、作品创新、创意构思。

表4-18　　　相关实践中创客式教育的学习活动识别

序号	实践主题	实践活动	来源
1	数独	创设情境，新课导入；角色扮演，感知新知；深度探究，突出重点；体验感受，突破难点；奖励表扬，体验成功；课后拓展，作业布置	郑州市第七十三中学
2	扎染工作坊	技法学习、制作体验、作品展示	郑州市经济开发区第六中学
3	科幻画——太空飞船	主题介绍、情境导入、作品组成分析、明确要求、作品构思、作品绘画、作品展示、	郑州市中牟县官渡中学
4	体验色彩的情感表达	音乐导入，激发兴趣；分析学习，体会色彩；小组操作，面具绘画；小组展示，作业评价；	郑州市第四十四中学
5	有趣的动物	知识回顾、创意构思、创意分享、动手制作、提出疑问、要点提示、辅助指导、作品展示、提出建议、作品改进、思想升华、学生互评	郑州市中牟县第一中学
6	剪纸	知识回顾、案例展示、特点观察、选择主题、教师演示、观察模仿、作品展示	郑州市实验外国语中学
7	民间艺术的传承	教师准备、学生讨论、学生反馈、课堂检验、深入学习、创作实践、自我评价	郑州市实验外国语中学
8	水晶滴胶手机壳制作	案例分析、材料用具介绍、作品制作、作品展示、交流评价、思路拓展	郑州市第七十七中学
9	创意无限	情境引入、提出问题、头脑风暴、确定问题、解决问题、创意展示、交流评价	郑州市第三十四中学

（三）相关实践中学习活动的归纳总结

结合学习活动的主要内涵，对实践中的创客学习活动进行总结，共得到以下学习活动：情境感知、知识回顾、阅读观察、元件认识、原理分析、质疑澄清、问题思考、总结反思、范例展示、模仿练习、任务分工、方案优化、辅助引导、配置资源与环境、原型设计、效果测试、迭代优化、交流分享、作品展示、评价反馈、头脑风暴、作品创新。

四 学习活动的汇总与分类

在识别学习活动后，依据学习活动的内涵与目的，将学习活动划分到知识、行动、创造三个目标维度（如表4-19所示）。其中，围绕"知识"目标的学习活动，侧重引导学生在创客教育中认识客观事物或客观成果，促进学生认知的发展；围绕"行动"目标的学习活动，侧重发挥学生的主观能动性，引导学生有目的地探索与实践；围绕"创新"目标的学习活动，侧重激发学生的创新意识，鼓励学生生成创新性的想法和作品。

表4-19　　　　　　中学创客教育中学习活动的汇总

目标维度	学习活动
知识	课前预习；需求分析；情境感知；知识回顾；阅读观察；资源查找；元件认识；原理分析；确定评价标准；质疑澄清；作业布置；问题思考；总结反思
行动	范例展示；模仿练习；现状调研；自主选题；制订计划；任务分工；预设方案；方案优化；可行性评估；辅助引导；配置资源与环境；原型设计；外观美化；效果测试；迭代优化；交流分享；作品展示；评价反馈
创造	头脑风暴；想法聚类；作品创新；作品推广；创意构思

从本质上而言，各个学习活动在推动知识、行动、创造目标实现方面均有促进作用。但为了梳理方便，本书结合学习活动的内涵及目标倾向性，对学习活动进行了划分。在序列化学习活动模型设计的过程中，设计的关键在于明确学习活动之间是否存在"直接顺序"关系，而与学习活动的类别划分无较大关联。分类只是为了确保序列化

学习活动模型具备知识、行动与创新三个维度的学习活动,保证模型多元与异质的特征。

第二节 中学创客教育中学习活动的选取与确定

在构建序列化学习活动模型前,需要发挥创客教育领域专家学者的重要作用,对识别出的学习活动进行删减、补充与完善,保留有代表性及实践性的学习活动,以增强序列化学习活动模型的科学性和可靠性。

一 第一轮专家意见的汇总与修订

该部分主要采用专家访谈的形式,对6位创客教育领域专家进行了访谈,其中含3名具有创客教育实践经验的一线教师(如表4-20所示)。访谈将直接给专家提供"中学创客教育中学习活动的初始框架表"(见附录六),引导专家结合其自身经验对学习活动进行补充与修订。笔者后续将结合专家的意见对学习活动内涵、表述等进行完善。

表4-20　　中学创客教育中学习活动筛选环节访谈专家的情况介绍

专家编号	职称	学科	专家介绍
高校专家1	教授	教育技术学	在创客教育、STEM教育领域探索多年,在CSSCI来源期刊发表过多篇论文。
高校专家2	副教授	教育技术学	拥有丰富的创客教育、项目式及研究性教学经验,在CSSCI来源期刊发表过多篇文章
高校专家3	研究员	教育技术学	在创客教育领域发表过系列文章,曾多次参与创客课程的设计与开发
中学专家1	正高级教师	信息科技	Z市学科带头人,带领工作室设计与开发了多个典型的创客教育案例,并在大赛中多次担任评委
中学专家2	中级教师	信息科技	省属中学学科带头人,从事创客教育实践工作7年,具备丰富的创客教育实践经验
中学专家3	副高级教师	美术	曾多次开展创客教育与美术学科的融合,并多次在创客教育相关大赛中取得突出成绩

第四章　中学创客教育中学习活动的识别与确定

（一）学习活动第一轮修订的专家意见汇总

在访谈的过程中，笔者向专家咨询的主要问题为：（1）知识、行动、创新三个目标维度的划分是否准确？维度之间是否有重叠之处？（2）在知识目标维度，您认为这些创客学习活动是否需要删除、合并与增加？（3）在行动目标维度，您认为这些创客学习活动是否需要删除、合并与增加？（4）在创新目标维度，您认为这些创客学习活动是否需要删除、合并与增加？（5）您对于识别出的创客学习活动还有哪些改进建议？（见附录七）。各位专家凭借其自身丰富的研究经验，对识别出的创客学习活动提出了宝贵建议，笔者对相关意见进行了归纳总结，具体如表4-21所示。

表4-21　　　　　创客教育领域专家的意见汇总

维度	具体建议
知识目标维度	高校专家1：研究是对学习活动进行的序列化设计，但是如果整个设计都是学生的学习活动，缺少教师的教学活动，那么整个模型也是不够完善的。建议以学生学习活动为明线，以教师教学活动为暗线，适当添加教师的活动，发挥一定的引导作用
	高校专家2：知识目标维度的学习活动略多，建议对部分内涵一致的学习活动进行合并。同时，在实践中，部分学习活动是合并开展的。为了提升实践的可操作性，建议删减合并学习活动，如"阅读观察"与"问题思考"
	中学专家1：在识别学习活动时，应区分学习活动与学习行为之间的不同，有些属于学习行为，而不是学习活动
	中学专家3："资源查找"学习活动应该伴随着创客学习过程的始终，而不应该单独作为一个学习活动呈现
行动目标维度	高校专家1：行动目标维度的学习活动略多，建议各个维度的学习活动都保持在6—10个，过多的学习活动不利于创客教育实践
	高校专家2："模仿练习"学习活动侧重于巩固与学习知识，建议调整至知识目标维度
	高校专家3：可以将"现状调研"与"自主选题""制订计划"与"任务分工"等学习活动合并，在保证学习活动功能全面的基础上，还要思考学习活动的选取应该具有一定的代表性，而非越多越好

续表

维度	具体建议
行动目标维度	中学专家1:"预设方案""方案优化""可行性评估"这三个学习活动应该是对方案的构思与设计,再对方案进行评估。学习活动很全面,但是建议将三个学习活动合并成一个或两个学习活动
	中学专家2:在实际教学实践中,"配置资源与环境"学习活动不具备现实意义,因为在课程开始前,教师基本已经配置完成。同时,"资源查找"和"配置资源与环境"之间都有资源,又该如何界定呢,建议再做思考
	中学专家3:教师的"辅助引导"应该伴随着创客学习始终,应该是一种教学行为而不是活动,建议区分该学习活动与"质疑澄清"学习活动之间的界限,并参考其他专家意见再做考虑
创新目标维度	高校专家1:创客教育旨在培养创新型人才,但创造目标维度的学习活动略显单薄,建议增加此部分的学习活动
	高校专家2:知识目标维度与行动目标维度的一些学习活动,虽然表述上尚未明显体现出学生的创新意识、思维与能力的培养,但是其内涵也在激发学生的创造力,建议将知识维度与行动维度的部分学习活动迁移到创造维度
	高校专家3:"作品推广"学习活动对于学生开展创客学习十分重要,创客教育更应将学生的创新型作品进行推广,但是建议将"作品推广"换个名称,体现出创客特征
	中学专家1:"头脑风暴"与"想法聚类"学习活动属于创意构思过程的不同阶段,建议合并为"创意构思"
	中学专家2:"总结反思"学习活动在一定程度上可以推动学生创造力的发展,所以可以将这些学习活动移动至该维度

(二)学习活动第一轮修订

在访谈中,专家的意见主要集中于以下几点:(1)各个目标维度的学习活动数量不平衡,建议将各个目标维度的学习活动保持在6—10个,以方便教师实施教学;(2)在各个目标维度之间以及各维度内部,学习活动之间存在重叠之处,部分学习活动有待合并、内涵有待界定;(3)做好教学活动与学习活动的平衡,明确学习活动与学习行为、学习目的之间的关系;(4)增加拓展性学习活动,以体现创客教育理念与创新型人才培养的导向。为此,笔者结合相关意见对学习活动进行了如下调整。

(1) 知识目标维度：首先，考虑到学习行为与学习活动之间的不同，故删除"资源查找"学习活动；其次，减少学习活动的数量，对部分学习活动进行合并处理，如将"阅读观察"与"问题思考"合并为"阅读思考"；最后，考虑到"情境感知""总结反思""质疑澄清"学习活动有利于激发学生的创新意识，故将三者移动至创造目标维度。

(2) 行动目标维度：首先，将学习活动进行合并删减，将其保持在6—10个，将"现状调研"与"自主选题"合并为"选题调研"，将"制订计划"与"计划分工"合并为"计划分工"，将"预设方案""方案优化""可行性评估"合并为"方案设计"，将"原型设计"与"外观美化"合并为"协同创作"，将"效果测试"与"迭代优化"合并为"测试优化"；其次，结合学习活动的内涵，将部分学习活动迁移至其他维度，如将"模仿练习"移至知识目标维度；最后，为区分学习行为与学习活动的不同，将"辅助引导"和"配置资源与环境"学习活动删除。

(3) 创新目标维度：将"头脑风暴""想法聚类"整合到"创意构思"中。经过修改完善后的中学创客教育中的学习活动如表4-22所示。

表4-22　　中学创客教育中学习活动第一次修订的结果

目标维度	有效学习活动
知识	课前预习、需求分析、知识回顾、阅读思考、元件认识、原理分析、评价标准确定、学习评价、作业布置、模仿练习
行动	范例展示、选题调研、计划分工、方案设计、协同创作、测试优化、交流分享、成果展示
创新	情境感知、创意构思、作品创新、成果推广、质疑澄清、总结反思

二 第二轮专家意见的汇总与修订

为进一步完善目标维度的学习活动，提升序列化学习活动模型要素的代表性、完整性与实践性，笔者将结合学习活动第一轮修订后的结果，对学习活动做第二轮的修订与完善。

（一）专家咨询问卷的编制

第二轮将利用问卷调查法，引导专家对学习活动提出相应的改进意见。据此，笔者编制了"中学创客教育中学习活动筛选的专家咨询问卷"。该问卷主要由问卷引语、问卷重点以及专家自评三部分组成：（1）问卷说明部分旨在向专家阐明研究的目的、依据以及进行专家咨询的原因，并附上各个学习活动的内涵，以帮助专家更好地筛选学习活动。（2）问卷主体部分将知识、行动、创新三个维度的25个学习活动编制形成问卷量表。该量表采用李克特三级评分标准，"合适"计3分、"修改后合适"计2分、"建议删除"计1分。同时在各个学习活动内容下面和问卷表结束后都设计了开放性问题，以供相关专家填写意见（见附录八）。

（二）问卷发放专家的确定

专家的选择对于筛选创客学习活动至关重要。本书采用非概率主观抽样的方法遴选专家，依据"专家是否对创客有过深入的理论研究""专家是否具备丰富的中学创客教育实践经验""专家是否曾参与创客教育教学教研活动"等标准选择专家。

笔者对校内外专家以及中学一线创客教师、教研员进行了深入分析，考虑到中学创客教育序列化学习活动模型设计的实践性特征，最终选取了20位专家。其中，4位专家为高校长期从事创客教育研究的学者，1位专家为河南省创客教育研究院研究员，1位专家为河南省K市信息科技教研员，2位专家为长期从事创客教育课程研发的企业人员，12位专家为河南省创客教育首批示范校的教师。各位专家均长期从事创客教育相关研究与教学，也发表过代表性论文，设计过代表性教学案例，故问卷发放的专家具有一定的代表性，具体如表4-23所示。

表4-23 中学创客教育中学习活动筛选环节问卷咨询专家的情况介绍

专家来源	人数	学科	备注
高校专家	4	教育技术学	拥有多年创客教育、STEM教育研究经验，在CSSCI来源期刊发表过多篇论文
省创客教育研究院研究员	1	教育技术学	拥有丰富的创客教育研究与实践经验，协助构建编程、智能硬件、电子、人工智能等多门课程体系
市教育科学研究院教研员	1	信息科技	拥有多年信息科技教材编写经验，曾参与K市创客教育政策的制定与推广
创客教育企业研发人员	2	计算机科学与技术/现代教育技术	西瓜创客、编程猫企业的课程研发与设计人员，拥有丰富的创客教育从业经验
一线教师	12	信息科技/语文/物理/音乐/美术/地理	教师均来自河南省的中学，如河南省实验中学、河南大学附属中学、洛阳市外国语学校、濮阳市第一中学、郑州市第四十七中学、商丘市第一中学等省级创客教育示范校，具备丰富的创客教育实践经验，并在相关创客教育大赛中取得过丰厚的成果

（三）专家权威程度数据分析

为检验专家所提意见对模型的修订是否有参考价值，需要统计专家的权威程度以验证咨询结果的可靠性。专家权威程度的计算公式为 $Cr = (Ca + Cs)/2$。其中，Cr 代表专家的权威程度，Ca 代表专家判断依据，Cs 代表专家对咨询问题的熟悉程度。一般专家权威系数 $Cr \geq 0.7$，则认为研究结果可采纳；$Cr \geq 0.80$，则认为研究结果可靠性非常高。

为此，笔者采用总表的形式让专家进行"判断依据""熟悉程度"的自我评价，并参考相关研究文献，对影响专家权威程度的因素进行赋值（如表4-24、表4-25所示）。

表 4-24　　　　　　　　专家判断依据程度赋值

判断依据	对专家判断的影响程度		
	大	中	小
从事创客教学的实践经验	0.5	0.4	0.3
基于对创客教育研究的理论分析	0.3	0.2	0.1
参考国内外创客教育相关文献资料	0.1	0.1	0.1
专家自我直觉	0.1	0.1	0.1
合计	1.0	0.8	0.6

表 4-25　　　　　　　　专家熟悉程度赋值

熟悉程度	量化值
很熟悉	1
熟悉	0.8
一般	0.6
不熟悉	0.4
很不熟悉	0.2

依据专家判断的赋值，对20位专家的判断依据进行统计分析（如表4-26所示）。同时，依据公式 $Ca = \sum \{（人数×分值）/总人数\}$，计算出专家判断依据系数（$Ca$）为 0.885，说明判断依据对专家的影响程度较高。

表 4-26　　　　　专家判断依据统计结果（n=20）

专家判断依据	1	0.9	0.8	0.7	0.6
人数	3	11	6	0	0

依据专家对问卷熟悉程度的赋值，对20位专家的熟悉程度进行统计分析（如表4-27所示）。同时，依据公式 $Cs = \sum \{（人数×分值）/总人数\}$，计算专家熟悉程度系数（$Cs$）为 0.800，表明专家对

所咨询的问题较熟悉。结合 Ca 与 Cs 的值,得出专家的权威程度 $Cr \approx 0.843$（≥ 0.80),说明本咨询问卷可信度高。

表4-27　　　　　专家熟悉程度统计结果（n=20）

熟悉程度	很熟悉	熟悉	一般	不熟悉	很不熟悉
赋值	1.0	0.8	0.6	0.4	0.2
人数	3	14	3	0	0

（四）专家咨询问卷数据统计与意见汇总

对高校专家、企业研发人员采用邮件、微信、QQ等形式发放问卷,对研究员、教研员以及教师采用面对面的形式发放问卷,并恳请专家在十天左右的时间里对问卷进行回复。

本部分采用统计工具 SPSS 25.0 对专家问卷的数据进行分析,计算各项学习活动的均值（M）、标准差（SD）和变异系数（CV）。其中,均值以 $M \geq 2.4$,标准差 $SD<1$,变异系数以 $CV<0.25$ 时维度集中度最合适（三分量表的80%等级值）,具体数据如表4-28所示。

表4-28　　　　　专家对学习活动的意见统计

目标维度	有效学习活动	均值（M）	标准差（SD）	变异系数（CV）
知识	课前预习	2.91	0.290	0.100
	需求分析	2.95	0.211	0.072
	知识回顾	2.88	0.321	0.111
	阅读思考	2.65	0.678	0.256
	元件认识	2.88	0.321	0.111
	原理分析	2.86	0.347	0.121
	评价标准确定	2.67	0.672	0.252
	学习评价	2.88	0.321	0.111
	作业布置	2.77	0.564	0.204
	模仿练习	3.00	0.000	0.000

续表

目标维度	有效学习活动	均值（M）	标准差（SD）	变异系数（CV）
行动	范例展示	2.86	0.347	0.121
	选题调研	3.00	0.000	0.000
	计划分工	3.00	0.000	0.000
	方案设计	2.88	0.321	0.111
	协同创作	2.98	0.151	0.051
	测试优化	3.00	0.000	0.000
	交流分享	2.91	0.290	0.100
	成果展示	3.00	0.000	0.000
创造	情境感知	2.93	0.255	0.087
	创意构思	2.88	0.442	0.153
	作品创新	2.88	0.321	0.111
	成果推广	2.81	0.494	0.176
	质疑澄清	2.86	0.347	0.121
	总结反思	3.00	0.000	0.000

根据表4—28所呈现的专家意见可知，各维度学习活动均值均大于2.4，说明专家对学习活动的认可度较高。各个维度的学习活动标准差均小于1，则说明专家意见比较集中。然而，在变异系数方面，部分学习活动存在明显集中的问题。例如，在知识目标维度，"阅读思考"的变异系数为0.256，"评价标准确定"的变异系数为0.252。

同时，专家也提出了相应的意见。（1）"课前预习"具有传统教育的意味，无法体现出创客教育的理念，建议对该学习活动的表述进行修改。（2）"阅读思考"会贯穿创客学习的全程，难以用学习活动来表述，在序列化学习活动模型的设计中不具有可操作性。（3）"评价标准确定"能够体现评价对学生创客学习的目标引领作用，但是这个学习活动是否与"学习评价""范例展示"活动有所重叠，加之该学习活动并非创客教育的核心环节，且该学习活动是否已经包含在"计划分工""方案设计"中，也有待进一步明确。（4）"作业布置"的传统教育意味比较浓厚，加之部分学科已经要求学生减负，该学习活动是否合理有待思考。(5)"作品创新""质疑澄清"在语言表达上应能够体现"创造"的理念与特色。

同时,专家也在最后的开放性问题中提出部分意见。例如,中学创客教育中的学习活动应能够凸显创客教育的理念特色,要避免传统教育理念浓厚影响创客教育开展的成效。

(五)学习活动的第二轮修订

针对专家的意见,笔者对学习活动作了进一步的修改与完善。一方面,为了凸显创客教育理念,摆脱传统教育意味,决定将"课前预习"修改为"自主预习";"作业布置"修改为"巩固练习";"学习评价"修改为"多元评价";"成果展示"修改为"创意展示"。另一方面,考虑到"阅读思考"属于学习行为,而非学习活动,故将该学习活动删除。同时,"评价标准确定"与部分学习活动存在重叠之处,所以笔者通过查阅相关文献资料发现,该学习活动多在"范例展示"或者"计划分工"活动中开展,故将该学习活动删除。

通过对中学创客教育中学习活动进行多轮筛选,得到22个中学创客教育学习活动。其中,知识目标维度有9个学习活动;行动目标维度有7个学习活动;创造目标维度有6个学习活动,具体如表4-29所示。

表4-29　　　　　中学创客教育中的有效学习活动

目标维度	有效学习活动汇总
知识	自主预习;需求分析;知识回顾;元件认识;原理分析;多元评价;巩固练习;模仿练习;范例展示
行动	选题调研;计划分工;方案设计;协同创作;测试优化;交流分享;创意展示
创造	情境感知;创意构思;作品创新;成果推广;批判质疑;总结反思

在知识目标维度,"自主预习"与"需求分析"是为达成知识学习目标做准备;"知识回顾"旨在强化新旧知识的关系,促进知识的同化与顺应;"元件认识"与"原理分析"是引导学生了解作品工具

的特点、内涵及使用方法，分析创客作品背后设计与制作的原理，为学生开展实践造物提供理论基础；"多元评价"是对学生知识、行动、创造多方面综合能力的评价，但考虑到评价在实践中的意味，故将多元评价放至知识目标维度；"巩固练习"与"模仿练习"通过外在的操作方式内化知识内容，"模仿练习"是学生对元件、原理等相关知识的初步内化，而"巩固练习"是学生在初步学习的基础上，对学习进行的强化提升；"范例展示"是教师呈现一定的作品，引导学生模仿学习，并促进学生学习迁移，提升学生对知识的分析与总结能力。

在行动目标维度，"选题调研"围绕具体的学习内容，通过实地考察、资料查询等方式明确作品主题，为学生的行动实践明确方向；"计划分工"是引导学生根据其自身需求与特长进行角色和任务分工，这是学生行动实践的基础；"方案设计"是在学生头脑风暴的基础上，将构想"落地"，形成一套系统、具体的规划方案的过程；"协同创作""测试优化""交流分享""创意展示"是学生在实践中开展造物、效果测试、作品展示及不断优化作品的过程，该部分是行动的核心。

在创造目标维度，"情境感知"是创客教育开展的关键，正如赫尔巴特所认为的良好的学习情境能够促进学生知识的同化和协调，孕育学生创新创造的意识，是学生创造的基础；"创意构想"是学生通过头脑风暴等方式，发散其自身思维，形成灵感与设计思路的过程；"作品创新"是学生在原有作品的基础上，激发其自身创造意识与思维，强化其自身创造能力，对作品进行的改造、突破与创新；"成果推广"拓宽了学生创造的广度与深度，是将创新型作品在更大范围内进行推广的过程；"批判质疑"是学生对其自身及他人观点进行深度思考的过程，也是打破学生思维定式，激发新思路与观点的过程；"总结反思"是学生对直接经验和间接经验进行的总结归纳，是将"体验"不断转化为经验的过程，该学习活动能够促进知识、行动与创新三个目标的达成，立足于总结反思的核心目的，故将该学习活动划分至创造目标维度。

第五章　中学创客教育中序列化学习活动模型的构建

在确定序列化学习活动模型构成的学习活动后，本书将利用解释结构模型法，通过构建邻接矩阵、计算可达矩阵、呈现层级关系等步骤形成序列化学习活动模型。该模型是预设性与生成性的统一，教师可基于序列化学习活动模型，构建富有特色的创客学习流程，以促进学生知行创的融合发展。

第一节　中学创客教育中学习活动邻接矩阵的建模

在明确中学创客教育学习活动的基础上，笔者对中学创客教育中的有效学习活动进行重新编码，并据此构建邻接矩阵模型，具体编码如表 5-1 所示。

表 5-1　　中学创客教育中的有效学习活动编码

编号	学习活动	编号	学习活动
S1	自主预习	S12	方案设计
S2	需求分析	S13	协同创作
S3	知识回顾	S14	测试优化
S4	元件认识	S15	交流分享
S5	原理分析	S16	创意展示
S6	多元评价	S17	情境感知

续表

编号	学习活动	编号	学习活动
S7	巩固练习	S18	创意构思
S8	模仿练习	S19	作品创新
S9	范例展示	S20	成果推广
S10	选题调研	S21	批判质疑
S11	计划分工	S22	总结反思

一 学习活动之间直接顺序关系的文献分析

解释结构模型法是现代系统工程中广泛应用的一种数据分析方法。利用该方法，可在分析任意两个学习活动之间"直接顺序"的基础上，构建邻接矩阵，计算可达矩阵，形成学习活动之间的层级关系，从而探究出学习活动之间隐含的"间接顺序"。本书首先通过文献研究法，分析文献及案例中的教学模式及学习模式，据此判断学习活动之间的"直接顺序"，即分析"该项学习活动开展结束后，后面紧跟着的学习活动是什么"，并形成文献分析后的学习活动邻接矩阵，（见附录九）。

二 学习活动之间直接顺序关系的专家判断

在文献分析学习活动之间的"直接顺序"后，笔者编撰了"中学创客教育中学习活动'直接顺序'专家判断问卷"（见附录十），并将问卷发放给八位专家，引导其对学习活动之间存在的"直接顺序"进行判断。

（一）专家问卷填写及专家权威程度数据分析

该问卷由两部分组成，第一部分为学习活动"直接顺序"关系判断，第二部分为专家自评，以验证专家所提意见对"直接顺序"关系判断是否具有参考价值。在关系判断部分，若横向维度学习活动与纵向维度的学习活动之间存在"直接顺序"关系，则在矩阵中标注"1"，反之则标注"0"。例如，若S1学习活动后面紧跟着S2学习活动，则在S［1，2］上标注1。

在专家权威程度数据分析部分，专家判断依据程度及专家熟悉程度赋值情况沿用表4-24及表4-25中的资料。依据专家自评结果，明确出专家判断依据统计结果（如表5-2所示）；专家熟悉程度统计结果（如表5-3所示）。依据数据计算出专家判断依据系数（Ca）为0.850，说明判断依据对专家的影响程度较高；计算出专家熟悉程度系数（Cs）为0.800，表明专家对所咨询的问题较熟悉；结合Ca与Cs的值，得出专家的权威程度$Cr=0.825$（≥ 0.80），说明本咨询问卷可信度高。

表5-2　　"直接顺序"专家判断依据统计结果（n=8）

专家判断依据	1	0.9	0.8	0.7	0.6
人数	1	2	5	0	0

表5-3　　"直接顺序"判断专家熟悉程度统计结果（n=8）

熟悉程度	很熟悉	熟悉	一般	不熟悉	很不熟悉
赋值	1.0	0.8	0.6	0.4	0.2
人数	1	6	1	0	0

（二）专家会议讨论

在学习活动"直接顺序"关系的判断过程中，也存在判断不一致的现象，即某专家认为这两个学习活动之间存在"直接顺序"关系，而其他专家认为不存在。例如，在分析"知识回顾"学习活动的"直接顺序"关系时，部分专家认为"知识回顾"与"模仿练习"之间存在"直接顺序"，而部分专家则认为两者之间不存在"直接顺序"。

针对上述问题，一般研究会采用直接求众数、均值的方式来解决，即多数人（一半以上）认为学习活动之间存在"直接顺序"，则该顺序就存在，但本书并未采用此方式来解决，而是采用专家会议的方式，针对差异较大的结果，引导与会人员结合相关资料，就存疑的学习活动关系展开讨论与分析，并得出统一的判断结果。针对难以达成共识的学习活动"直接顺序"关系，将在下次的专家会议中展开更深入的讨论，直到确定最终的结果。

在中学创客教育学习活动"直接顺序"关系专家判断会议中，专家小组成员由初期参与"直接顺序"关系专家判断问卷的八位专家组成。在这些成员中既包含创客教育领域的研究专家、创客教育课程研发专家，也包含具有丰富创客教育实践经验的一线教师。相关专家学者在深入分析学习活动的特点后，形成最终的学习活动邻接矩阵（如表5-4所示）。

表5-4 中学创客教育中学习活动"直接顺序"判断的专家名单

专家编码	类别	专业/学科领域
1	高校专家	教育技术学
2	高校专家	教育技术学
3	高校专家	教育技术学
4	一线教师	中学物理
5	一线教师	中学信息科技
6	一线教师	中学信息科技
7	一线教师	中学信息科技
8	课程研发人员	现代教育技术

经过文献分析及专家判断，最终对学习活动的"直接顺序"关系达成一致。依据解释结构模型法的应用步骤，呈现了中学创客教育中学习活动"直接顺序"关系的示意图（见附录十一）。

三 学习活动邻接矩阵的形成

在文献分析、专家判断的基础上，结合专家会议的意见，从理论的可行性与实践的可操作性视角出发，形成了学习活动之间的"直接顺序"关系，构建了中学创客教育中学习活动的邻接矩阵（如表5-5所示）。后续将利用解释结构模型法，在此基础上继续探究学习活动之间存在的"间接顺序"关系。

第五章　中学创客教育中序列化学习活动模型的构建

表 5 – 5　中学创客教育中学习活动邻接矩阵 A

学习活动\学习活动	S1	S2	S3	S4	S5	S6	S7	S8	S9	S10	S11	S12	S13	S14	S15	S16	S17	S18	S19	S20	S21	S22
S1	0	0	0	0	0	0	0	0	0	0	0	0	0	0	0	0	1	0	0	0	0	0
S2	1	0	0	0	0	0	0	0	0	0	0	0	0	0	0	0	0	0	0	0	0	0
S3	0	0	0	1	1	0	0	0	0	0	0	0	0	0	0	0	0	0	0	0	0	0
S4	0	0	0	0	0	0	0	0	0	0	0	0	0	0	0	0	0	1	0	0	0	0
S5	0	0	0	0	0	0	0	0	0	0	0	0	1	0	0	0	0	1	0	0	0	0
S6	0	0	0	0	0	0	0	0	0	0	0	0	0	0	0	0	0	0	1	0	1	1
S7	0	0	0	1	1	0	0	0	0	0	0	0	0	0	0	0	0	0	0	1	0	0
S8	0	0	0	0	0	1	0	0	0	0	0	0	0	0	0	0	0	0	0	1	0	0
S9	0	0	0	0	0	0	0	1	0	0	1	0	0	0	0	0	0	0	0	0	0	0
S10	0	0	0	0	0	0	0	0	0	0	1	1	0	0	0	0	0	0	0	0	0	0
S11	0	0	0	0	0	0	1	0	0	0	0	1	0	0	0	0	0	0	0	0	0	0
S12	0	0	0	0	0	0	1	0	0	0	0	0	0	0	0	0	0	0	0	0	0	0
S13	0	0	0	0	0	0	0	0	0	0	0	1	0	0	0	0	0	0	1	0	0	0
S14	0	0	0	0	0	1	0	0	0	0	0	0	0	1	1	0	0	0	0	0	0	0
S15	0	0	0	0	0	0	0	0	0	0	0	0	0	0	0	1	0	0	0	0	0	1
S16	0	0	0	0	0	0	0	0	0	0	0	0	0	0	0	0	0	0	0	0	1	0

续表

学习活动\学习活动	S1	S2	S3	S4	S5	S6	S7	S8	S9	S10	S11	S12	S13	S14	S15	S16	S17	S18	S19	S20	S21	S22
S17	0	0	1	0	0	0	0	0	1	0	0	0	0	0	0	0	0	0	0	0	0	0
S18	0	0	0	0	0	0	0	0	0	1	1	1	0	0	0	0	0	0	0	0	0	0
S19	0	0	0	0	0	0	0	0	0	0	0	0	0	0	0	0	0	0	0	1	0	1
S20	0	0	0	0	0	1	1	0	0	0	0	0	0	1	0	0	0	0	0	0	0	0
S21	0	0	0	0	0	0	0	0	0	0	0	0	0	0	0	0	0	0	0	0	0	1
S22	0	0	0	0	0	0	0	0	0	0	0	0	0	0	0	0	0	0	0	0	0	0

表 5-6　中学创客教育中学习活动的可达矩阵 R

学习活动\学习活动	S1	S2	S3	S4	S5	S6	S7	S8	S9	S10	S11	S12	S13	S14	S15	S16	S17	S18	S19	S20	S21	S22
S1	1	0	1	1	1	1	1	1	1	1	1	1	1	1	1	1	1	1	1	1	1	1
S2	1	1	1	1	1	1	1	1	1	1	1	1	1	1	1	1	1	1	1	1	1	1
S3	0	0	1	1	1	1	1	1	0	1	1	1	1	1	1	1	0	1	1	1	1	1
S4	0	0	0	1	0	1	1	1	0	1	1	1	1	1	1	1	0	1	1	1	1	1
S5	0	0	0	0	1	1	1	1	0	1	1	1	1	1	1	1	0	0	1	1	1	1
S6	0	0	0	0	0	1	1	0	0	0	0	0	0	1	1	1	0	0	1	1	1	1
S7	0	0	0	0	0	0	1	0	1	0	0	0	0	0	0	0	0	0	1	1	1	1
S8	0	0	0	1	0	1	1	1	0	1	1	1	1	1	0	1	0	1	1	1	1	1
S9	0	0	0	0	0	0	1	0	1	0	0	0	0	0	0	0	0	0	1	1	1	1
S10	0	0	0	0	0	1	1	1	0	1	1	1	1	1	0	1	0	1	1	1	1	1
S11	0	0	0	0	0	0	1	0	0	0	1	0	0	0	0	1	0	0	1	1	1	1
S12	0	0	0	0	0	0	1	0	0	0	0	1	0	0	0	1	0	0	1	1	1	1
S13	0	0	0	0	0	0	1	0	0	0	0	0	1	0	0	1	0	0	1	1	1	1
S14	0	0	0	0	0	0	1	0	0	0	0	0	0	1	0	1	0	0	1	1	1	1
S15	0	0	0	0	0	0	1	0	0	0	0	0	0	0	1	1	0	0	1	1	1	1
S16	0	0	0	0	0	0	1	0	0	0	0	0	0	0	0	1	0	0	1	1	1	1

续表

学习活动\学习活动	S1	S2	S3	S4	S5	S6	S7	S8	S9	S10	S11	S12	S13	S14	S15	S16	S17	S18	S19	S20	S21	S22
S17	0	0	1	1	1	1	1	1	1	1	1	1	1	1	1	1	1	1	1	1	1	1
S18	0	0	0	0	0	1	1	1	0	1	0	0	0	0	0	0	0	1	1	1	1	1
S19	0	0	0	0	0	0	0	0	0	0	0	0	0	0	0	0	0	0	1	1	0	1
S20	0	0	0	0	0	0	1	1	0	0	0	0	0	0	0	0	0	0	0	1	0	0
S21	0	0	0	0	0	1	0	0	0	0	0	0	0	0	0	0	0	0	0	1	0	1
S22	0	0	0	0	0	0	0	0	0	0	0	0	0	0	0	0	0	0	0	0	0	1

第二节　中学创客教育中学习活动可达矩阵的建模

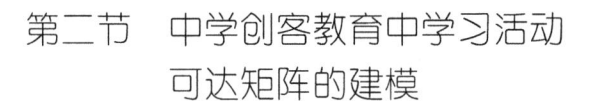

邻接矩阵 A 呈现的是学习活动的"直接顺序"关系，而若要分析学习活动的层级关系以及"间接顺序"关系，则需要计算出邻接矩阵 A 的可达矩阵 R。依据布尔运算法则：$0+0=0$，$0+1=1$，$1+0=1$，$1+1=1$，$0×0=0$，$0×1=0$，$1×0=0$，$1×1=1$，根据可达矩阵的运算方法，即假设单位矩阵为 I，将邻接矩阵 A 加上单位矩阵进行乘方运算，直到 $R=(A+I)^K=(A+I)^{K-1}\neq(A+I)^{K-2}\neq\cdots\neq(A+I)$（$K\leq n-1$，n 为矩阵阶数）。本书借助 MATLAB 编程软件进行计算，经过 5 次迭代，得到可达矩阵 R（如表 5-6 所示）。

第三节　中学创客教育中学习活动层级关系的确定

在依据可达矩阵明确学习活动层级关系前，需要引入可达集和前因集两个概念。其中，可达集是可达矩阵第 Si 行中所有学习活动为 1 所对应的学习活动集合，常用 R（Si）表示；先行集由可达矩阵第 Sj 列中所有学习活动为 1 所对应的学习活动集合，常用 A（Sj）表示[1]；交集是可达集与先行集相交形成的学习活动集合，具体数据如表 5-7 所示。

表 5-7　中学创客教育中学习活动的可达集合、先行集合及交集

学习活动	可达集合	先行集合	交集
S1	[1, 3, 4, 5, 6, 7, 8, 9, 10, 11, 12, 13, 14, 15, 16, 17, 18, 19, 20, 21, 22]	[1, 2]	[1]

---

[1] 张余钰：《城市轨道交通 PPP 项目关键成功因素及作用机理研究》，硕士学位论文，北京交通大学，2020 年。

续表

学习活动	可达集合	先行集合	交集
S2	[1, 2, 3, 4, 5, 6, 7, 8, 9, 10, 11, 12, 13, 14, 15, 16, 17, 18, 19, 20, 21, 22]	[2]	[2]
S3	[3, 4, 5, 6, 7, 8, 10, 11, 12, 13, 14, 15, 16, 18, 19, 20, 21, 22]	[1, 2, 3, 17]	[3]
S4	[4, 6, 7, 8, 10, 11, 12, 13, 14, 15, 16, 18, 19, 20, 21, 22]	[1, 2, 3, 4, 9, 17]	[4]
S5	[5, 6, 7, 8, 10, 11, 12, 13, 14, 15, 16, 18, 19, 20, 21, 22]	[1, 2, 3, 5, 9, 17]	[5]
S6	[6, 7, 14, 15, 16, 19, 20, 21, 22]	[1, 2, 3, 4, 5, 6, 8, 9, 10, 11, 12, 13, 14, 15, 16, 17, 18, 21]	[6, 14, 15, 16, 21]
S7	[7, 19, 20, 22]	[1, 2, 3, 4, 5, 6, 7, 8, 9, 10, 11, 12, 13, 14, 15, 16, 17, 18, 21]	[7]
S8	[6, 7, 8, 10, 11, 12, 13, 14, 15, 16, 19, 20, 21, 22]	[1, 2, 3, 4, 5, 8, 9, 10, 11, 17, 18]	[8, 10, 11]
S9	[4, 5, 6, 7, 8, 9, 10, 11, 12, 13, 14, 15, 16, 18, 19, 20, 21, 22]	[1, 2, 9, 17]	[9]
S10	[6, 7, 8, 10, 11, 12, 13, 14, 15, 16, 19, 20, 21, 22]	[1, 2, 3, 4, 5, 8, 9, 10, 11, 17, 18]	[8, 10, 11]
S11	[6, 7, 8, 10, 11, 12, 13, 14, 15, 16, 19, 20, 21, 22]	[1, 2, 3, 4, 5, 8, 9, 10, 11, 17, 18]	[8, 10, 11]
S12	[6, 7, 12, 13, 14, 15, 16, 19, 20, 21, 22]	[1, 2, 3, 4, 5, 8, 9, 10, 11, 12, 17, 18]	[12]
S13	[6, 7, 13, 14, 15, 16, 19, 20, 21, 22]	[1, 2, 3, 4, 5, 8, 9, 10, 11, 12, 13, 17, 18]	[13]

续表

学习活动	可达集合	先行集合	交集
S14	[6, 7, 14, 15, 16, 19, 20, 21, 22]	[1, 2, 3, 4, 5, 6, 8, 9, 10, 11, 12, 13, 14, 15, 16, 17, 18, 21]	[6, 14, 15, 16, 21]
S15	[6, 7, 14, 15, 16, 19, 20, 21, 22]	[1, 2, 3, 4, 5, 6, 8, 9, 10, 11, 12, 13, 14, 15, 16, 17, 18, 21]	[6, 14, 15, 16, 21]
S16	[6, 7, 14, 15, 16, 19, 20, 21, 22]	[1, 2, 3, 4, 5, 6, 8, 9, 10, 11, 12, 13, 14, 15, 16, 17, 18, 21]	[6, 14, 15, 16, 21]
S17	[3, 4, 5, 6, 7, 8, 9, 10, 11, 12, 13, 14, 15, 16, 17, 18, 19, 20, 21, 22]	[1, 2, 17]	[17]
S18	[6, 7, 8, 10, 11, 12, 13, 14, 15, 16, 18, 19, 20, 21, 22]	[1, 2, 3, 4, 5, 9, 17, 18]	[18]
S19	[19, 20, 22]	[1, 2, 3, 4, 5, 6, 7, 8, 9, 10, 11, 12, 13, 14, 15, 16, 17, 18, 19, 21]	[19]
S20	[20]	[1, 2, 3, 4, 5, 6, 7, 8, 9, 10, 11, 12, 13, 14, 15, 16, 17, 18, 19, 20, 21]	[20]
S21	[6, 7, 14, 15, 16, 19, 20, 21, 22]	[1, 2, 3, 4, 5, 6, 8, 9, 10, 11, 12, 13, 14, 15, 16, 17, 18, 21]	[6, 14, 15, 16, 21]
S22	[22]	[1, 2, 3, 4, 5, 6, 7, 8, 9, 10, 11, 12, 13, 14, 15, 16, 17, 18, 19, 21, 22]	[22]

在此基础之上，笔者利用轮换抽取规则划分学习活动的层次，得到第13层学习活动集合为 $L13 = \{2\}$，剔除第13层的学习活动，按照上述原则，得到第12层的学习活动集合为 $L12 = \{1\}$，依次类推，可得到第1—11层学习活动集合分别为 $L1 = \{20, 22\}$；$L2 = \{19\}$；$L3 = \{7\}$；$L4 = \{6, 14, 15, 16, 21\}$；$L5 = \{13\}$；$L6 = \{12\}$；$L7 = \{8, 10, 11\}$；$L8 = \{18\}$；$L9 = \{4, 5\}$；$L10 = \{3, 9\}$；$L11 = \{17\}$。

在13个层次中，第13层为最先开展的学习活动，第2—12层为后续开展的学习活动（如表5-8所示）。

表5-8　中学创客教育中序列化学习活动的层级关系

层次	学习活动
第1层	S22 总结反思、S20 成果推广
第2层	S19 作品创新
第3层	S7 巩固练习
第4层	S6 多元评价、S14 测试优化、S15 交流分享、S16 创意展示、S21 批判质疑
第5层	S13 协同创作
第6层	S12 方案设计
第7层	S8 模仿练习、S10 选题调研、S11 计划分工
第8层	S18 创意构思
第9层	S4 元件认识、S5 原理分析
第10层	S3 知识回顾、S9 范例展示
第11层	S17 情境感知
第12层	S1 自主预习
第13层	S2 需求分析

第四节　中学创客教育中序列化学习活动模型的分析

基于分层结果和学习活动之间的"直接顺序"关系，绘制形成中学创客教育中序列化学习活动模型（如图5-1所示）。其中，箭头表示学习活动之间的逻辑顺序关系，部分学习活动虽然是跨层级，但相互之间也存在较为显著的逻辑顺序关系。

在纵向维度上，该模型通过呈现各个学习活动之间的逻辑顺序关系，强化了学生的"确证"过程，推动了学生经验的转化，促进学生由学以致知、学以致用向学以致创的发展；在横向维度上，同一层级的学习活动在促进学生认知发展过程中处于同一层次，教师可根据学习需求进行任意选择。此外，该模型中存在两个回路，分别是第4层

第五章 中学创客教育中序列化学习活动模型的构建

```
L1  ········ S22总结反思    S20成果推广 ········  ┐
L2  ················ S19作品创新 ················  │ 创新
L3  ················ S7巩固练习 ·················  │ 拓展
                                                  ┘
      S14测试优化 — S15交流分享 — S16创意展示 ← S6多元评价 — S21批判质疑   ┐ 创意
L4  ····················································································  │ 造物
                        S13协同创作                                                ┘
L5  ····················································································
                        S12方案设计                                                ┐
L6  ····················································································  │
      S8模仿练习 ←→ S11计划分工 ←→ S10选题调研                                      │ 创新
L7  ····················································································  │ 设计
                        S18创意构思                                                 ┘
L8  ····················································································
            S4元件认识        S5原理分析                                           ┐
L9  ····················································································  │ 知识
            S3知识回顾        S9范例展示                                           │ 学习
L10 ····················································································  ┘
                        S17情境感知
L11 ····················································································
                        S1自主预习                                                 ┐ 学习
L12 ····················································································  │ 准备
                        S2需求分析                                                 ┘
L13 ····················································································
```

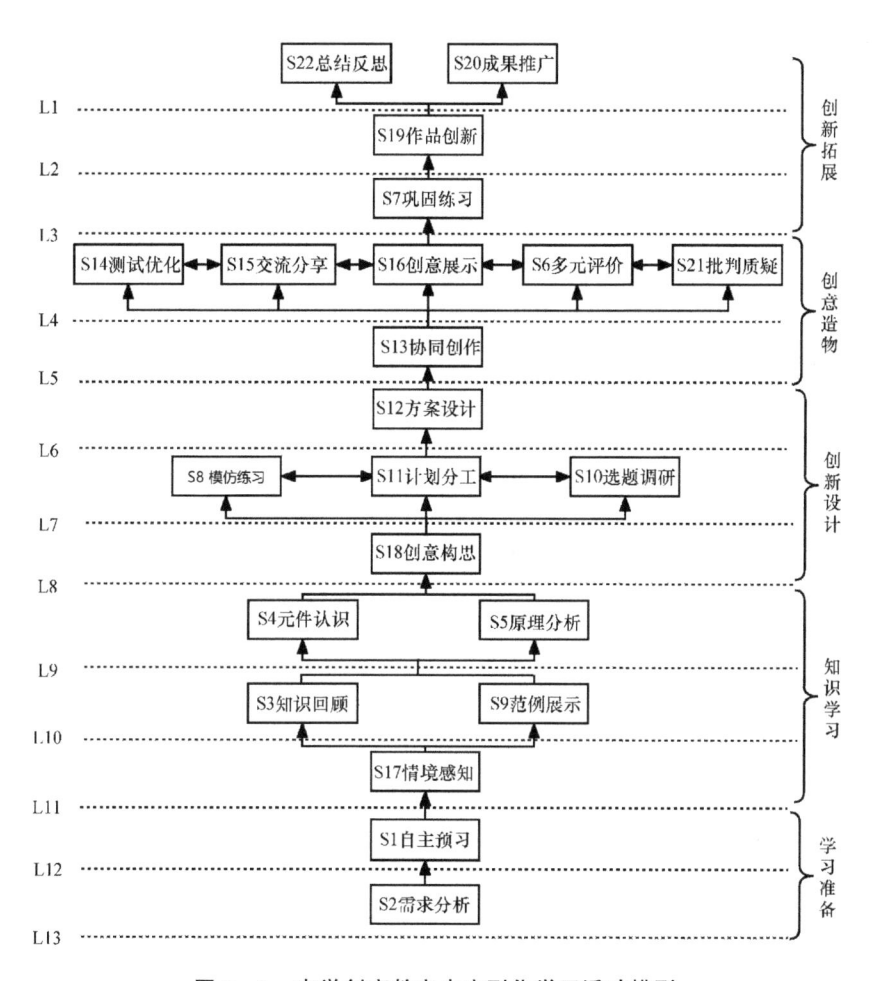

图 5-1　中学创客教育中序列化学习活动模型

S6 多元评价、S14 测试优化、S15 交流分享、S16 创意展示、S21 批判质疑和第 7 层 S8 模仿练习、S10 选题调研、S11 计划分工，这表示在创客学习过程中，学生可以依据其自身学习需求，循环迭代地体验这些学习活动。

在序列化学习活动理论生成模型中，依据学习活动各环节的内涵，将模型划分为学习准备、知识学习、创意设计、创意造物、创新拓展五个环节。其中，学习准备环节关注学生学习的需求分析与自主预习，为后续创客学习做铺垫；知识学习部分通过系统化的知识学习，为学生设计与造物提供理论支撑；创意设计旨在引导学生动手、动脑与动心，构思想法并形成系统性的方案与计划；创意造物是学生创客学习的核心，注重引导学生在过程性的实践中修改完善作品，并通过"批判质疑"等碎片化的知识学习，提升学生认知的深度；创新拓展是学生创客学习的深化，旨在提高学生的创新创造能力。

中学创客教育序列化学习活动理论生成模型遵循学生认知的规律、行动实践的规律与创新创造的规律，通过呈现学习活动之间的因果逻辑关系，强化学生的"确证"过程，引导学生在环环相扣的学习活动中，实现思维的深化、经验的转化。

（一）序列化学习活动模型遵循学生认知的递进规律

学生的认知将沿着知识识别、知识内化、知识整合、知识迁移、知识应用、知识创新过程不断发展[①]。在模型中，学生可通过"自主预习"学习活动，为后续的知识学习提供基础；通过"情境感知""范例展示"学习活动识别知识，明确学习的目的与方向；通过"知识回顾"学习活动强化新旧知识之间的联结；通过"元件认识""原理分析""模仿练习"等学习活动建构知识，促进知识的内化；通过"方案设计"学习活动整合知识，形成系统性的方案与规划；通过"协同创作"学习活动，提高学生迁移与应用知识的能力；通过"测试优化""交流分析""巩固练习""作品创新"等学习活动，不断地实现知识的创造。

（二）序列化学习活动模型遵循学生行动实践的发展规律

行动目标维度旨在培养学生的实践动手能力，但从某种意义上说，行动目标维度更多地注重培养学生的操作技能与心智技能。一方面，操作技能的形成分为操作定向、操作模仿、操作整合与操作熟练过程。学生在学习准备与知识学习环节明确行动的程序要求，促进操作的定向；在创意设计环节的学习活动中进行操作模仿和操作整合；在创意

---

① 赵慧臣、李琳：《创客教育中知识与行动的关系研究：促进创新型人才培养》，《电化教育研究》2022年第12期。

造物环节的学习活动中实现操作的熟练，并不断地进行测试优化、拓展练习，实现行动的创新。另一方面，心智技能的形成将经历原型定向、原型操作、原型内化三个环节。在学习中，学生通过学习准备、知识学习环节的"范例展示"等学习活动进行原型的定向，了解作品的结构组成与实现原理；通过创意设计与创意造物环节中的学习活动，将知识与思路等以外显的操作方式付诸实践；通过创新拓展环节的"总结反思"等学习活动实现原型的内化。

（三）序列化学习活动模型遵循学生创造过程的生成规律

创造过程可分为准备、孵化、洞察、评价和总结五个阶段。在学习过程中，学生通过学习准备环节、知识学习环节中的学习活动进行创造的准备；通过创意设计环节中的学习活动实现创意的孵化与洞察，并将灵感与创意投身于实践，在创意造物实践中检验与评价创新创造的效果；通过创新拓展环节中的学习活动进行经验的总结与反思，强化创新意识与思维。

第六章　中学创客教育中序列化学习活动模型的完善

在理论层面，利用解释结构模型法构建形成的中学创客教育中序列化学习活动模型具有一定的科学性与有效性。但是，模型最终需要面向实践、应用于实践，所以理论构建形成的模型也有待结合案例，在实践中进一步优化完善。

第一节　中学创客教育中序列化学习活动模型的验证与反思

由于序列化学习活动模型的抽象性较强，因此笔者将采用访谈的形式，与中学一线创客教师、学生进行深入的讨论与分析，从序列化学习活动模型的层级关系及学习活动构成要素角度验证序列化学习活动模型的有效性。

一　序列化学习活动模型中层级关系的验证

从教师视角出发，可验证序列化学习活动模型层级关系的有效性、学习活动序列的可行性及实用性。在访谈前，笔者编制了"中学创客教育中序列化学习活动模型的教师访谈提纲"，通过访谈获取一手反馈信息，分析了解如下方面的问题：教师在创客教育实践过程中对哪些学习活动感触颇深？模型所包含的学习活动能否满足教师开展创客教育教学的需求？模型中五个学习环节的设计与安排是否合理？各个环节中学习活动的序列是否合理？模型能否促进学生实现知行创融合的学习目标？通过对师生的访谈，进而验证中学创客教育中序列化学习活动模型的可行性、实用性与有效性（见附录十二）。

（一）教师访谈对象的基本信息

由于序列化学习活动模型设计聚焦的是广义层面的创客教育，因此笔者选取了五位具有创客教育实践经验的教师及教研员作为访谈对象，并通过面对面、腾讯会议等方式进行访谈。访谈过程遵循被访者自由参与的原则，对访谈内容进行了严格的保密。同时，为了保护受访者的个人信息，教师的姓名均以城市首字母表示（如表6-1所示）。

表6-1　　　　　模型验证教师访谈对象基本信息　　　　单位：年

教师	专业背景	教授学科	开展创客教育年限
Z	计算机科学与技术	信息科技	5
K	教育技术学（师范）	信息科技	4
X	文物与博物馆学	历史	2
L	物理学（师范）	物理	2
Z	软件工程	信息科技	6

（二）教师访谈的记录与分析

为了整理分析访谈结果，在经访谈对象同意后，我们在访谈过程中对访谈对象进行了全程录音或视频云录制。针对面对面访谈，笔者使用转录软件将语音转录为文本信息；针对视频访谈，笔者利用会议软件自带的视频转写功能进行转写，并对部分个人信息做隐私处理（如图6-1所示）。

依据访谈者的回答，一方面，引导教师对序列化学习活动模型中学习活动的层级关系进行分析，判断模型能否促进学生实现知行创的融合发展；另一方面，归纳出中学创客教育中知识、行动与创造目标维度中的关键性学习活动，并与序列化学习活动模型中的学习活动要素对照，判断模型能否满足教学需要。

1. 促进学生知行创的融合发展是创客教育的本质特征

教师能否正确理解创客教育的内涵、特征与理念，是其设计与实

创客 教育 一种 学生 培养 创造 学校 中学 理念 实践

■ 那么老师，我想问您的第一个问题是，请您结合您的教学经验谈一谈，您是如何理解中学创客教育的？您认为中学创客教育有什么特点？它有传统的教育又有什么不同？

■ 我们学校是在2016年开展创客教育的，它发展到现在主要有三种形式：一种是课堂上展开的创客教育，一种是普及性质的创客教育，还有一种就是创客竞赛。我们学校是在咱们省内首批开展创客教育的学校，我们学校对创客教育的投入也比较大，我们开展了很多的实践。然后针对你的问题，我觉得从创客教育的设计理念来说的话，创客教育是为了培养创新型人才而构建的一种新型教育模式，又或者说我们可以将创客教育理解成一种教育理念。它最大的特征就是面向创新人才培养，关注学生在做中学，在做中创造，这是我的理解。然后它和传统教育之间最大的差异，嗯，我觉得创客教育更注重创新人才的培养，更关注学生发展的全面性，知识理解的综合性，而且相较于传统教育，创客教育更加开放，开放的不仅是学习空间，开放的还有学生的发展路径等等。

■ 好的，老师，那么从您的理解来看的话，您认为在创客教育的实践当中。我们要帮助学生达成什么样的学习目标呢？

■ 关于你这个问题。我觉得创客教育培养学生的创新创造意识、思维以及能力。这些是创客教育必须实现的核心目标。但学生的创新与创造的培养并非学生空想出来的，而是在

图6-1 腾讯会议访谈内容的转写

施创客教育的重要前提。虽然受访教师参与创客教育的年限、学科背景以及实践经验有所差异，但教师普遍认为增长学生知识，提升学生实践动手能力，培养学生的创造思维、创新意识，提高学生创造能力是创客教育的本质特征。

例如，拥有六年创客教育实践经验的Z老师指出："创客教育最重要的特征是创新创造，但是创新创造又不是空想出来的，它必须以一定的知识为基础，以一定的实践活动为手段，循序渐进地进行创新创造"。在问及知识、行动、创造三者之间的关系与重要程度时，Z老师认为："知行创三者密不可分、同等重要，但知识与行动是创造的基础。"曾多次开展创客教育与物理融合教学且在相关大赛中取得优异成绩的L老师指出："虽然创造是创客教育的核心，但是受课时限制，创客教育在与学科融合的过程中，知识性的优先级要高一些。但我们在关注物理知识学习的过程中，也会关注学生的动手实践能力的培养。例如，面对抽象的电路知识，我会引导学生亲自动手去连接电

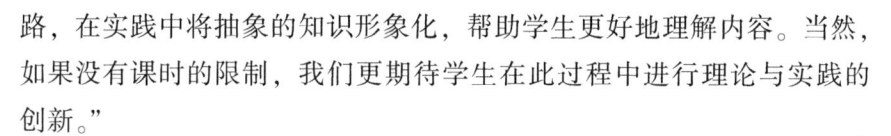

路，在实践中将抽象的知识形象化，帮助学生更好地理解内容。当然，如果没有课时的限制，我们更期待学生在此过程中进行理论与实践的创新。"

2. 学习准备和知识学习是创客教育有效开展的前提

一方面，虽然教师在实践中开展创客教育的形式有所差异，但是他们普遍认为，创客教育开展前的学习准备工作是创客教育有效开展的前提。正如X老师指出："开展创客教育前，一定要做好学情分析、需求分析。对于初中生来说，不求授课形式有多么高大上，但一定要确保授课主题内容贴合学生的实际生活。"在问及自主预习时，物理学科的L老师与历史学科的X老师都认为："课前预习十分关键，但由于课堂时间有限，如果想让学生在创客教育中真正有收获，就必须让学生做好课前的预习准备工作。"信息科技教师K老师也认同前两位教师的观点："学生学习负担较重，加之很多学生没有基础条件进行预习，导致部分学生在创客课堂中盲目地学习，学习效果并不好。"

另一方面，知识学习是创意设计、创意造物的重要基础。首先，教师普遍认为创设良好的学习情境是开展创客教育的第一步，并着重强调了创设"生活化情境"的必要性。其次，教师指出在知识学习过程中，要注重为学生搭建教学支架，以先前的知识为基础，为学生的学习寻找"生长点"。例如，Z老师认为："在创客教学初期，循序渐进、缓慢的基础知识学习十分关键。"同时，针对"范例展示"学习活动，有老师明确了他的担忧，害怕"学生会形成思维定势，只会模仿而不去创造"。由于"范例展示"与"知识回顾"活动隶属于同一维度，因此针对此问题，教师在使用序列化学习活动模型时，可针对创客学习任务的难度，选择是否呈现"范例展示"活动。最后，教师认为在此基础上适时地引导学生认识元件、分析作品原理符合学生认知的发展。例如，拥有六年创客教育实践经验的Z老师指出："很多教师对创客教育的理解有偏差，他们认为要将知识融入实践，在探究中顺便讲授知识，而不需要将知识学习活动单独设置。这种将知融于行的观念是对的，但并非要将所有的知识学习都融于探究活动中，独立的知识学习活动是基础,在此基础之上,在探究中逐步地渗透知识,促进知识在实践中深化才是关键。"Z老师还指出:"创客教育应有一定的开展'秩序',大量碎片化的知识讲解会让学生感到困惑。"

3. 创意设计环节是创客教育的重要支撑

在系统性的基础知识学习后,教师认为,开展方案设计等学习活动具有一定的合理性与实践性。一方面,教师普遍认为,"创意构思"是创意设计环节的重要前提。例如K老师认为:"在基础知识学习与方案设计过程中,创意构思学习活动发挥着承上启下的作用。"L老师指出:"创客教育的综合性强,担心学生出现认知负荷,所以可通过创意构思活动,'等一等'思考慢的同学。"

另一方面,"有限度"的模仿练习、计划分工与选题调研是设计方案的关键。Z老师指出:"模仿练习很关键,学生在此过程中可以进一步内化知识。"在问及这几个学习活动顺序时,X老师认为:"在实际教学中,'模仿练习''计划分工''选题调研'三者可以根据学习需要自由调换,部分创客教学主题内容简单,参与的学生少,加之时间有限,所以就不需要进行专门的选题或者分工。"

4. 过程性的造物实践与作品优化是创客教育的核心过程

创客教育的根本目的不在于制作出作品,而在于引导学生在一次次的迭代优化中激发创造力(如图6-2所示),学生在教师的引导下不断地激发创想,优化作品草图。针对创意造物环节的学习活动序列,老师均指出"为教师提供一定的灵活组织空间十分重要"。"造物环节需要不断地迭代与优化,持续地展示与评价,所以这些活动隶属于同一层次比较合理。"同时,在笔者针对"批判质疑"活动的合理性进行提问时,L老师指出:"批判质疑是学生在'做'中学习的过程,是学生在实践探究中的深层次思考,它与系统性知识学习互为补充。"X老师对该学习活动也持同样的态度。

此外,教师对序列化学习活动模型还提出了完善建议。例如,K老师指出:"'分享交流'不仅伴随着创意造物环节,也伴随着创意设计、创新拓展环节。"为此,针对教师的意见,序列化学习活动模型也有待进一步的修改与完善。

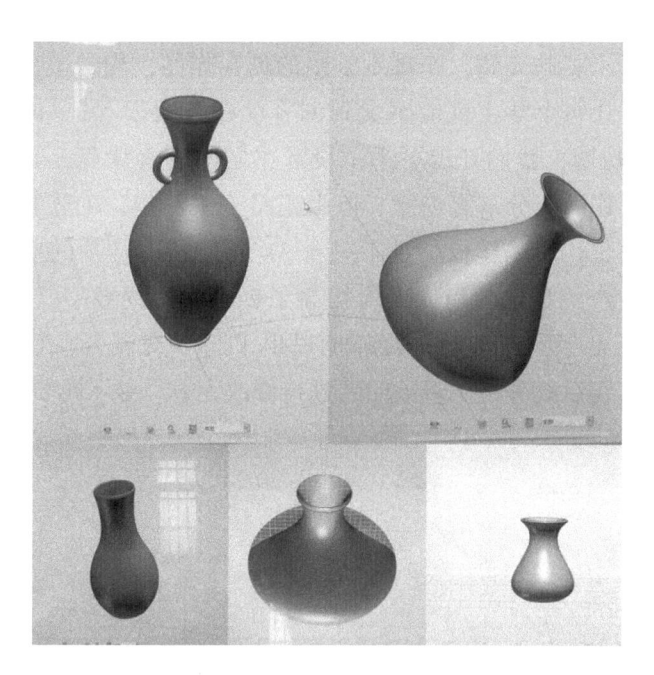

图 6 – 2　学生在协同创作学习活动中利用 3D One 设计的草图

5. 适时地引导学生创新创造是创客教育的核心目的

一方面，在协同创造、迭代优化的基础上，对相关内容进行巩固练习具有一定的必要性。Z 老师指出："在制作完作品后，很多教师忽视学生巩固练习的过程，使得学生的学习仅仅停留于体验，容易造成学生的遗忘。" L 老师和 X 老师持同样的观点，他们认为，特别是在创客式教育中，巩固练习很重要，它可以是一项作业或者几道课堂练习题。

另一方面，在巩固练习的基础上进行作品创新与成果推广是核心。教师均表示，创新创造是创客教育的核心，在模仿练习、自主探究的基础上进行作品创新是关键。在谈及"成果推广"时，在 K 老师的带领下，笔者参观了该校的"创客 + 历史"的展板（如图 6 – 3 所示）。展板显示，学生在学习历史知识的同时，也制作了丰富多样、栩栩如生的文物作品。K 老师指出："学生看到他们自己的作品在展板上展示十分开心，这对他们是一种激励。" Z 老师指出："我们学校在 2016 年便开始探索创客教育,相关部门为我们提供了资金方面的支持,我们学校建立了'科技走廊'来展示学生的创客作品,构建了良好的创客文化氛围,让每个学生都能感受到创客就在身边。"另一位 Z 老师也指出:"在初期,我们开展了手工设计主题的创客课程,学生对作品精心雕琢,作品十分富有创意。但由于是手工制作,工艺制作粗糙且耗费时间较长,后来学校引进了一批 3D 打印机,学生的作品可以实现批量的生产,技术的引入大大提高了创客教育的效率。"此外,针对"总结反思"学习活动,教师也提出了与"交流分享"同样的疑问,笔者将在后续分析中对该问题进行修改完善,兹不再赘述。

图 6-3　创客教育与历史学科融合的学生作品展板

6. 序列化学习活动模型可促进学生知行创的融合发展

序列化学习活动模型由学习准备、知识学习、创意设计、创意造物与创新拓展五个环节构成。在问及模型中各个环节之间的顺序是否合理时,教师纷纷表示该模型在确保教学有序的同时,又给予教师一定的灵活操作空间,具有一定的实践价值。对于教师所理解的"实践

第六章 中学创客教育中序列化学习活动模型的完善

价值",笔者做了追问。X老师认为:"该模型能够引导学生由浅层学习逐步向深层学习过渡。"L老师认为:"模型中的学习活动十分丰富,不仅关注学生的知、行与创,更注重通过序列化的学习活动促进学生知行创的融合转化。"Z老师指出:"该模型贴合学生认知发展的规律,在实践中能够推动学生的有效学习。"K老师指出:"过去创客教育开展得比较随意,学生学习也比较无序,今后有待关注创客教育'质'的发展。"

同时,部分教师对序列化学习活动模型的应用提出了实施建议,如Z老师在肯定模型重要价值的基础上,指出:"该模型学习活动十分丰富,但是受课时限制,可能无法在实践中全面展开。""创客教育也需要一定的'留白'时间。"同时L老师也提出:"在创客式教育中,受考试制度等多方面影响,知识性仍是第一位,所以在此过程中,学生可能仅仅只能体验一下创客,所以截取该模型的部分环节开展是否也会产生同样的学习效果?"Z老师指出:"网络空间的创客教育也值得关注。"结合教师的意见,该模型将在后续做进一步的完善。

二 序列化学习活动模型中学习活动的验证

作为中学创客教育的主体,学生对中学序列化学习活动模型的评价至关重要。为此,笔者编制了"中学创客教育中序列化学习活动模型的学生访谈提纲",以了解不同目标维度下学生的创客学习需求,从学生视角验证模型中各种学习活动的完备性、有用性及需求满足性(见附录十三)。

(一)学生访谈对象的基本信息

在学生访谈对象选择方面,笔者从H省Z市及K市创客教育示范校中筛选了四名初中生,在学生体育课等自由活动时间对其进行面对面访谈。访谈过程遵循被访者自由参与的原则,并对访谈录音等进行了严格的保密。为了保护受访者的个人信息,学生姓名均以姓氏首字母表示(如表6-2所示)。

表6-2　　　　　　　　模型验证学生访谈对象基本信息

学生	性别	年级	参与创客教育的形式
W	女	初一	课堂
K	男	初一	创客社团
H	男	初二	创客竞赛
Z	女	初二	课堂

(二) 学生访谈的记录与分析

笔者从学生视角出发，用学生通俗易懂的语言，了解学生在创客教育中的学习需求，验证模型中各个目标维度学习活动要素的有效性，分析序列化学习活动模型对学生学习的意义与价值。

1. 学生期待多元、异质、跨学科且渐进的创客学习

笔者首先深入了解了初中生对创客教育中学习活动的期待，进而验证序列化学习活动模型设计的理念与思路是否符合学生需求。在了解学生对创客学习活动的需求时，学生纷纷表示"多元""异质"的学习活动是其第一需求。K学生表示："我希望在创客教育中体验形式多样的学习活动，而不是一直枯燥地学习知识与制作作品。""我希望知识学习融入有趣的情境中，在不同的学习活动中学习知识。"Z学生表示："我希望创客再有趣一些，希望老师可以给我们更多的机会与时间体验不同类型的学习活动。"

同时，其他学生也指出创客教育的"跨学科性"，让他们的体验更加深刻。H学生表示"相比其他课程，创客教育不再局限于学科知识学习，更加考验我们对不同学科知识的综合运用能力"。K学生表示"我们在历史课程制作文物的模型，不仅要了解历史，而且需要了解美术知识、物理知识"。此外，针对创客教育的"跨学科性"，学生也提出了他们的困惑，例如W学生认为："我原来没有接触过这些创客工具，除了新鲜感，我担心自己跟不上老师的节奏。"学生的反馈，也进一步证明了依据学生认知发展规律，设计序列化学习活动模型的必要性。

2. 知识目标维度：学生更倾向于"有准备的学习"

创客教育的发展存在区域差异化特征，在部分地区以"精英化"

的竞赛形式出现。此外,还会以具有普及性质的社团活动、兴趣班及课堂形式出现。但无论创客教育的开展形式如何,学生普遍认为,"有准备的学习"能够提升其学习效果。例如,Z学生表示:"创客对我来说仍是新事物,我动手能力比较差,有时我会恐惧采用这种方式学习。"H学生也反映说:"我们一般不会布置课前预习的任务,但我会预先了解下次课程的主题与内容,我想花费更多的时间构想方案与作品,以此在同学中出彩。"

此外,针对创客教育知识学习环节,学生认为教师讲解比较碎片化,难以进行知识整合。正如K学生所表示的:"我期待有知识的铺垫,我不希望老师总是在动手实践时才讲解工具的操作,那时候我的注意力已经被新奇的工具吸引,便不太注意老师讲解的内容。"W学生表示:"我们会忽视动手操作时老师讲解的内容,更多会在遇到疑问困惑时向老师寻求知识帮助。"学生的回答也验证了模型中系统性知识学习的必要性以及自主预习、知识回顾、范例展示、模仿练习等学习活动在帮助学生克服学习恐惧方面的重要作用(如图6-4所示)。

图6-4 学生在创客教育中系统地学习元件知识

3. 行动目标维度：学生期待"有限度的自由空间"来探究实践

在问及创意造物环节的学习需求时，学生均表示他们期待拥有一定的自主空间去选择不同的学习伙伴，承担不同的团队角色，开展不同的动手实践活动。同时，他们也需要在实践中留出一定的时间去内化与思考。笔者针对学生所提及的"自主空间"进行了追问，H学生认为："我们期待有自主选择学习主题、学习伙伴的机会。""我期待和不同的同学合作，不想在团队中总是承担同样的任务。""我想尝试不同的角色。"Z学生则表示："我期待'有限度的自由'。"同时，在分析"有限度的自由空间"时，学生也普遍认同教师搭建教学支架，辅助引导学生的重要作用。学生的回答进一步验证了模型中"选题调研""总结反思""计划分工"等学习活动对学生学习自由的重要支撑作用，"范例展示""模仿练习""批判质疑"等知识目标维度的学习活动在为学生行动实践搭建教学支架时的重要意义。

4. 创造目标维度：学生期待学习反馈，提升获得感与幸福感

创新创造是创客教育的核心，也是学生在知识学习、行动实践基础上进行的深度学习。在此过程中，学生提出对充裕的构思时间及创造时间的迫切需求。例如，K学生指出"灵感是需要时间激发的""在紧张的学习气氛下，我只想早点完成任务，可能无法顾及创新创造"。同时，学生在创新创造过程中也提出了对"学习反馈"的迫切需求。K学生认为："如果我们制作的作品有创新点，我希望老师可以给予我们一定的学习激励。"W学生表示："如果我们的作品可以在生活中体现价值，会提升我的获得感。"

通过对学生的访谈，了解到学生更期待以有趣的方式习得知识，并在动手实践中强化对知识的理解。但对于"创造"的学习需求，学生并未提及，这也许是因为创造隐含于学生的知与行中。此外，笔者围绕"你对创客教育的开展还有哪些建议"问题展开提问时，H学生表示："我们对许多创客工具设备感觉到新奇又陌生，我希望我们可以有更多的机会接触这些工具？"Z学生提出"我希望拥有充裕的时间去探究思考，我有很多的想法都没有得到实践"。K学生表示："我期待使用更多高科技的创客工具，希望我们的作品可以批量制造。"通

过学生的建议，我们也可以看出创客教育的开展不仅需要教师的设计、实施与推动，而且需要课时保障、文化氛围等多方面因素的支撑。

三　序列化学习活动模型的完善

通过访谈教师，引导教师对不同环节的序列化学习活动关系进行了分析，验证了模型层级关系的有效性；通过访谈学生，了解学生对不同目标维度创客教育的学习需求，验证了模型中学习活动要素的完备性、有用性及需求满足性。总体而言，教师均认可开展中学创客教育序列化学习活动模型设计的理论价值与实践意义。同时，针对访谈中师生的意见反馈，笔者将对模型做进一步的完善。

在模型完善层面，"总结反思"与"交流分享"学习活动的顺序有待改进。教师在肯定模型价值与意义的同时，也立足于序列化学习活动模型提出了修改意见。例如，教师认为，该模型应存在双向的反馈循环，以促进教师不断地优化教学，而"总结反思""交流分享"学习活动在此过程中便可以发挥这样的作用。同时，立足于教学实践，"总结反思"学习活动会伴随学生创客学习的始终；"交流分享"学习活动会伴随学生创意设计、创意造物、创新拓展学习环节，引导学生在合作探究中实现思维的深化。因此，结合教师的实践，立足于解释结构模型法的应用特征，将"总结反思"与"交流分享"学习活动从模型中抽离，并分别指向不同的学习环节，实现教学与学习的双向反馈（具体如图6-5所示）。

在模型应用层面，有待强化相关制度保障。在深入交谈过程中，教师也反映了创客教育开展过程中存在的问题与困境，且这些问题与困境也是致使序列化学习活动模型难以在实践中顺利应用的关键原因。教师在访谈中均提及创客教育的课时问题。创客教育有多种形式，在社团活动或者具有竞赛性质的创客教育中，教师和学生可以拥有充裕的时间去思考与探索。但在创客教育与学科教学融合的过程中，信息科技、物理等课程都会受课时问题的影响，无法在实践中系统地开展创客教育，使得创客教育难以达成预期的学习效果。同时，该问题也间接导致了教师在创客教育实践中重视效率而忽视学生的学习效果与

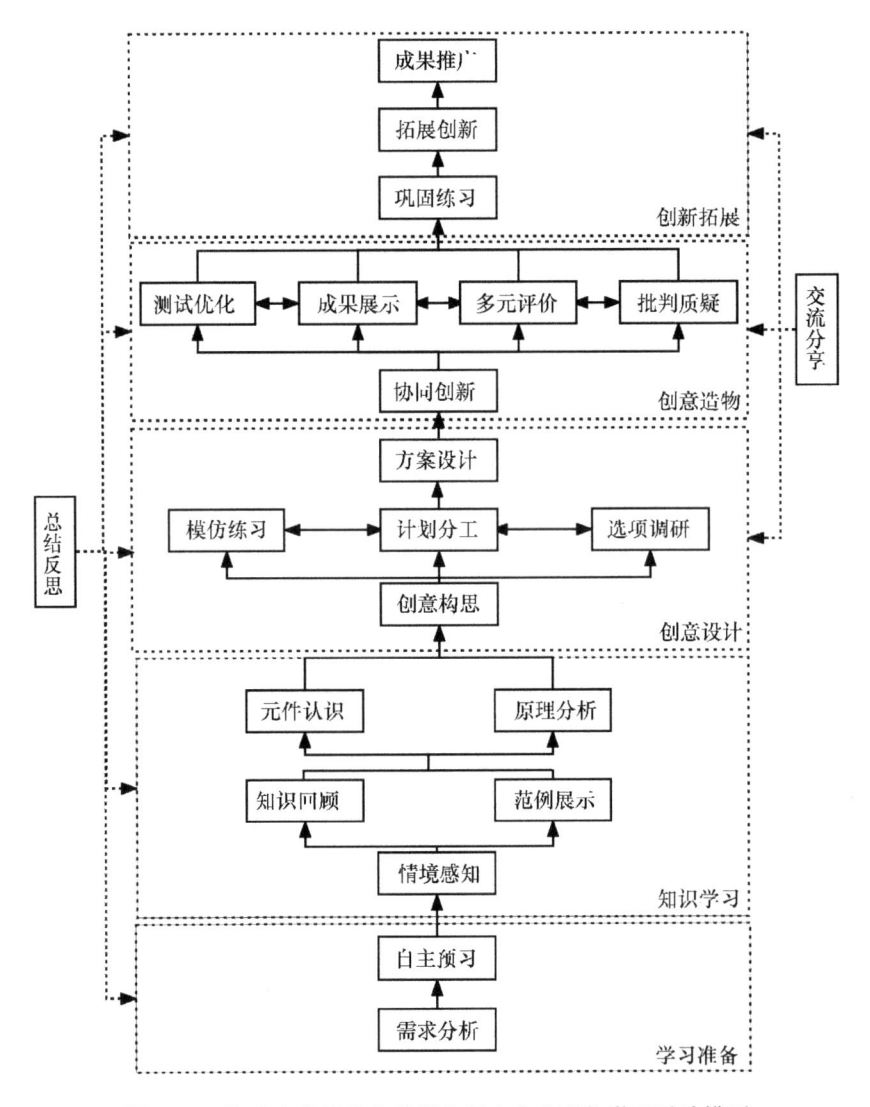

图 6-5 修改完善后的中学创客教育中序列化学习活动模型

学习质量,更倾向于选择简便的教学模式开展教学,阻碍了创客教育的长效发展。

在模型推广层面,应构建教育行政部门—学校—企业—教师—家长—学生的循环生态。教师普遍认为,该模型具有一定的实践应用价值,但是在模型的推广过程中,应形成教育行政部门—学校—企业—

教师—家长—学生等多方主体组成的循环生态，实现模型的大范围推广应用。其中，教育行政部门应发挥政策引导的作用，鼓励教师探索创客教育的内涵式发展；学校应为模型的应用提供空间、资源工具等支持，促进学生在实践中转化经验；教师应强化模型的应用，并依据模型因地制宜地探索特色化的创客学习模式；企业应注重探索促进学生知行创融合发展的学习平台或工具，并强化智能技术的应用，拓宽创客教育的广度与深度；家长作为创客教育的重要保障者，应在生活中培养学生的创客意识，激发其创造性意识与思维；学生也应转变思维，强化反思意识，增强元认知能力，在循序渐进的创客学习中提升获得感与幸福感。

第二节 中学创客教育中序列化学习活动模型的案例应用

为了帮助教师更好地理解中学创客教育中序列化学习活动模型的内涵，促进学生知行创的融合发展，笔者选取了代表性案例进行介绍分析，并立足于知行创人才的培养目标，基于序列化学习活动模型，对案例进行优化完善。

一 基于序列化学习活动模型改进的案例介绍

案例选取于清华大学出版社出版的创客教育系列丛书（初中第一册）《电脑创作》中的第一章内容"数字创作"。该书为中国教育信息化创客教育研究指导用书，以培养学生创新思维为目标，通过"情境—主题—规划—探究—实施—成果—评价"的项目学习方式开展创客教育，在创客教育领域具有一定的代表性。

同时，该书籍在案例的设计上视角独特，内容丰富，具有一定的创新性，值得创客教育领域教师参考学习。为了帮助教师了解序列化学习活动模型的应用，故从该书中选取了相关代表性案例进行分析。其中，笔者结合案例的内涵总结形成了"制作班徽"案例，对其进行介绍，并立足于新课标理念，增加了学习目标、学习目的等部分内容

（如表 6-3 所示）。

表 6-3 基于序列化学习活动模型改进的"制作班徽"案例介绍

主题	制作班徽
学段	初一年级
涉及学科	信息科技、美术、音乐等
学习目的	引导学生通过项目式的创客学习活动，完成数字作品校徽的创作，并了解数字作品在生活中的应用
学习目标	1. 学生可以根据解决问题的需要，以合理的方式自觉、主动地搜集、获取及处理网络素材，对素材内容的准确性等做出合理的判断，并能够有意识地与同伴共享信息、协同处理信息（信息意识） 2. 学生可以根据所选择的主题，结合其自身所掌握的知识，依据获取的信息资源，整合形成相应的设计方案，并将方案外化形成相应的实体作品，不断地迁移应用到其他问题情境中（计算思维） 3. 学生可以利用数字化学习资源与工具，在协同交互、交流共享中完成相应的学习任务，制作出创新性的数字作品（数字化学习与创新） 4. 激发学生爱校荣校的情感，唤起学生对班集体的荣誉感，引导学生在数字作品的设计与开发中发现美、感受美、欣赏美、创造美
学习流程	情境创设 → 确定主题，制定规划 → 素材收集，整理加工 → 选择工具，制作作品 → 展示交流，修改评价 → 总结反思
活动流程内涵介绍	【情境创设】 面对新环境，初一年级的学生会存在迷茫的问题。班主任高老师利用校运会，引导学生制作主题为"我们的四班"数字作品，以宣传展示团结向上的班集体形象，引导学生快速地融入集体生活 【确定主题，制定规划】 学生依据其自身兴趣从老师提供的主题中选择合适的设计主题。若学生对老师提供的主题缺少兴趣，则可以从其自身实际出发，选择感兴趣的设计主题。同时，学生之间通过小组交流的形式确定作品所需传达的内涵与意义，选择作品呈现的类型（如动画、视频、网页设计等），并通过草图绘制等方式对作品进行整体规划。例如，若学生选择制图，则需要画出作品草图，明确作品的构成及创新之处

续表

主题	制作班徽
	【素材收集，整理加工】 结合所需呈现的作品，学生需要在该过程中搜集信息资源，了解信息资源获取的形式、信息资源的类型及不同类型信息资源的特点。同时，学生还需要将搜集到的素材进行整理与加工，如修改资源格式、大小及形状等 【选择工具，制作作品】 结合制作作品需要，选择制作的工具，如Inkscape、Photoshop、SAI等；了解作品制作的流程，并使用信息资源及工具创造出相应的作品 【展示交流，修改评价】 选择作品的呈现形式，制作说明文档；在展示时介绍作品的创作思想、创作过程、原创部分、参考资源、制作所用软件及运行环境等内容；以小组为单位，在班级或网络中进行交流互动，填写"项目活动评价表"并结合他人意见优化方案，完善作品 【总结反思】 学生结合授课内容，反思学习过程，总结其自身在学习过程中掌握的知识以及习得的技能，并分析其自身知识的缺漏，进而查漏补缺

二 基于序列化学习活动模型改进的案例分析

在"制作班徽"案例中，学习环节比较完整，关注学生认知、行为以及情感认知的参与，并立足于初一学段学生所遇到的生活问题，确定了创客学习的主题，能够有效激发学生学习的积极性。同时，该案例还为学生提供了清晰明确的学习规划表、多元评价量规表以及展示说明文档，为学生的创客学习提供了清晰明确的可视化学习工具与学习支持服务，使初一阶段的学生得以系统化、条理化地开展创客学习。然而，在分析案例的过程中，也发现案例在学习活动的设计及顺序安排等方面存在一定的薄弱之处。为促进知行创融合的人才培养，笔者将结合中学创客教育中序列化学习活动模型，对该案例做一定的优化完善。

（一）亟待关注课前学习活动，提升课堂学习效率与效益

由于部分原因，"制作班徽"案例并未呈现出课前学习活动。一方面，教师对学生的需求分析是创客教育有效开展的关键，也是创客教育学习活动顺利开展的重要基础。在学习活动开展前，教师有待依据学情、学生学习兴趣、认知特点等了解学生的学习需求，从而明确创客教育开展的主要形式、学习的内容以及所需达成的学习目标等。

另一方面，创客教育旨在引导学生在真实的场景中解决复杂问题，但这对于应试教育模式下培养出的学生具有一定的挑战性。然而，学生通过"自主预习"学习活动预先掌握知识，采用"带着问题去学习"的方式可以提升学生对知识的理解效率，帮助学生在有限的时间内转化知识。特别是在创客教育理念下的学科教学中，其知识性较强，故有待通过"自主预习"等学习活动促进学生对知识内容的内化与理解。

（二）依据学生认知发展的规律，亟待关注学生学习的循序渐进

该案例从学生生活实际出发，通过设计生活化的学习情境，激发学生的问题意识与探究兴趣，引出创客学习主题。之后又开展了"确定主题""制定规划"等学习活动。其中，在"素材收集"学习活动中引导学生了解信息资源的类型以及获取方式；在"整理加工"学习活动中引导学生了解图片等信息资源的加工与处理；在"选择工具"学习活动中引导学生掌握相应学习工具的操作。虽然通过这些学习活动能够在一定程度上促进学生对知识的理解，但在促进学生循序渐进地理解知识、转化经验、实现学生知行创的融合发展方面略显薄弱。

在案例中，"确定主题""制定规划"等学习活动，要求学生在过程中预先确定作品的呈现形式（动画、视频或图像设计等）、作品的整体规划（作品的草图或作品分镜头等），但对于中学生而言，由于此前不了解信息资源类型及获取方式、学习工具的操作等知识，学生在活动开展过程中可能会因不了解相应的工具知识、技术操作水平有限而难以外化等问题，使得创客教育难以顺利开展。而在掌握了一定基础知识后，学生就可以根据其自身知识掌握情况、技能操作情况等多方面因素将作品更好地外化。此外，教师还可以通过"元件认识""原理分析"等活动，帮助学生理解知识，并以该知识为基础去构思与构建作品。

在掌握基础知识的过程中，学生可通过"知识回顾"学习活动，强化新旧知识之间的关联，促进知识的同化；通过"范例展示"活动，将复杂的知识内容具象化，帮助学生明确学习目标。同时，学生也可以通过简单的"模仿练习"，制作出初级的简单作品，并以此为

基础，不断进行创意构思，开展协同创新创造。但是，由于"模仿练习""计划分工""选题调研"属于同一层次学习活动，教师可根据需要任意选择一定的学习活动开展。

（三）强化学习活动拓展，亟待引导学生在实践中创新创造

在案例中，创客学习以"作品呈现""分享交流""总结反思"等活动结束，并通过迭代优化学习活动，引导学生不断完善作品。然而，该案例却未因势利导，以现有学习为基础，引导学生步步深入地开展拓展练习，激发创意，进行作品创新，也未结合生活实际对相关作品进行创造性推广。而通过"巩固练习"活动可以进一步深化学生对知识的理解，强化学生对相关经验的转化能力；通过"作品创新"活动，引导学生发散思维，进行作品的改造与创新，在作品功能性的基础上开发作品新的性能，激发学生的创造意识，提升学生的创造思维与创造能力；通过"成果推广"活动，结合生活实践，引导创新性作品真实"落地"，如本案例中以"设计校徽"为主题，可以通过创新性地完善，将学生设计的突出性作品在生活中展示与使用，该做法不仅可以有效激发学生学习探究的动力，也能够体现创客教育"在生活中创造"的实践理念。

三 基于序列化学习活动模型改进的案例优化

在分析案例薄弱之处的基础上，笔者结合各个项目式学习活动的内涵，依据"在同一层级，案例中若具备某一学习活动，则在该层级不再增加其他学习活动"的原则，对案例进行了优化（如图6-6所示）。

首先，补充课前学习活动，增加"自主预习"学习活动，以提升学生创客学习的效率，加强对知识内容的理解；增加"范例展示"学习活动，引导学生明确学习目标，减少学习阻力，并以目标范例为基础开展探究活动；增加"创意构思"活动通过头脑风暴激发学生创想。其次，将"选择工具""原理分析"等存在于"素材收集""整理加工""制作作品"学习活动中的内容抽离出来，作为知识性学习活动移动至"范例展示"学习活动后面；增加"模仿练习"学习活动，强化元件的使用，从简单的作品模仿入手，逐渐提升探究难度。

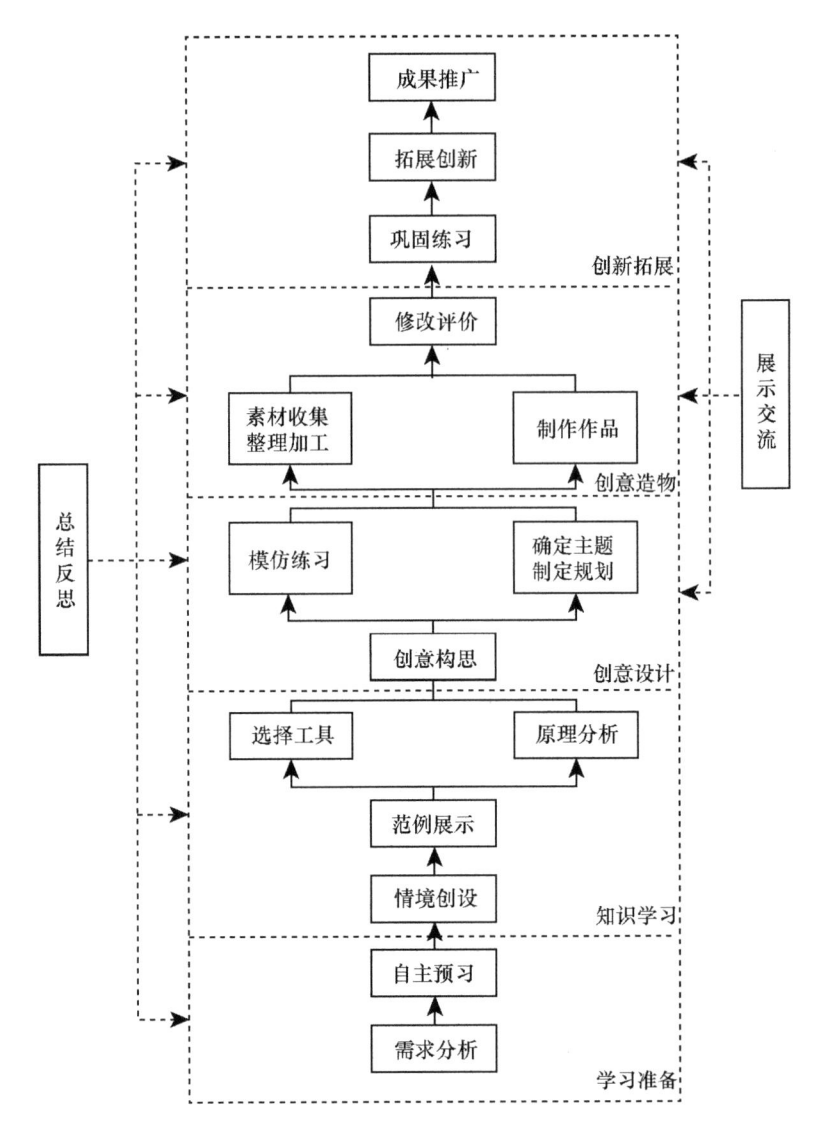

图 6-6 基于序列化学习活动模型改进的案例优化

最后，增加"巩固拓展""作品创新""成果推广"等活动，引导学生不断创新创造，将创客教育在实践中"落地"。此外，由于"总结反思"学习活动贯穿于全过程，故单列此学习活动，指向各个学习环节；"展示交流"在作品的制作过程中属于过程性学习活动，需要多次出现，故也单列并指向创意设计、创意造物及创新拓展环节。

第七章 中学创客教育中序列化学习活动模型的应用建议

中学创客教育中序列化学习活动模型的应用需要学校、教师、家长、学生及行业的参与,并应构建由不同主体组成的创客教育实践共同体,推动形成中学创客教育中序列化学习活动模型应用的循环生态,共同促进学生实现知行创的融合发展。

第一节 提升中学创客教师教学能力*

随着创客教育的发展,教师角色和教学模式等都发生了极大的转变,创客教师亟须提升教学能力。为此,笔者首先对创客教师教学能力提升研究进行了分析,发现目前此方面研究多关注教师多元能力,系统研究少,亟待进行系统研究;多为理论模型研究,实践应用研究薄弱,亟待以理论为导向,以实践促反思,聚焦于创新人才培养的价值理念展开研究。在此基础上,笔者针对创客教师教学能力的发展现状,从创客教师教学能力的需求分析、结构模型、提升策略、评价方式等角度,提出了创客教师教学能力提升研究的建议,帮助打造创客教师队伍,推动我国创客教育的发展。

创客教师作为创客教育理念的实践者、播种者,其素质和水平决定了创客教育的质量[①]。随着创客教育在我国中小学的推广,创客教

---

* 本节内容主要参考赵慧臣、马佳雯、姜晨等《创客教师教学能力提升研究的反思与建议》,《现代教育技术》2019 年第 5 期。

① 江平:《创客教育的养成需要从教师开始》,https://www.caigou.com.cn/news/2016092211.shtml,2019 年 1 月 12 日。

育师资不足、教师教学能力薄弱等问题逐渐显现。2015年，钟柏昌带领的课题组发布的《全国中小学校创客空间发展现状调查》显示，创客教师教学能力单薄已成为制约创客教育进展的重要因素[①]。无论是培养创客的教育，还是用创客理念去改造教育，教师的教学能力在其中均扮演着重要角色，成为关乎创客教育发展水平的重要因素。

一 创客教师的教学能力亟待提升

（一）创客教育对教师的教学能力提出更高的要求

创客教育强调根据学生的不同个性、兴趣及认知水平因材施教，注重语言、艺术、健康、科学和社会等多领域目标的实现。因此，创客教师既需具备能够融合多学科知识、设计创客项目和引导学生开展创客活动的专业教师[②]，又需具备技术应用能力、跨学科学习经验和课程开发能力[③]。然而，目前我国中小学创客教师主要以信息技术教师为主，教师学科背景单一。针对此问题，创客教育应集中各学科的优秀教师建立跨学科的教师团队[④]，充分发挥不同学科教师的特长实现优势互补、合作共赢[⑤]。

创客教育通过动手实践培养学生的创新意识、创新思维和创新能力，对教师的教学能力提出了更高要求。在创客学习的过程中，学生会遇到诸多困难，需要在知识技能、工具运用、灵感启发、心理建设等方面得到教师的专业指导和及时反馈。因此，创客教师除了应具备丰富的学科知识储备、较强的实践操作能力和充足的项目开发经验外，还应有创新精神和人文艺术素养[⑥]。

[①] 钟柏昌：《谈创客教育的背景、本质、形式与支持系统》，《现代教育技术》2016年第6期。

[②] 王米雪、张立国、郑志高：《我国创客教育的实施路径探析》，《现代教育技术》2016年第9期。

[③] 谢作如：《创客教育的DNA》，《人民教育》2016年第10期。

[④] 李华、杨永其、谭明杰：《"创客教育"解读》，《四川师范大学学报》（社会科学版）2016年第5期。

[⑤] 王同聚：《走出创客教育误区与破解创客教育难题——以"智创空间"开展中小学创客教育为例》，《电化教育研究》2017年第2期。

[⑥] 李云松、任艳君、程德蓉：《以创客教育推进高等职业教育的供给侧改革》，《实验室研究与探索》2017年第7期。

第七章 中学创客教育中序列化学习活动模型的应用建议

（二）面向教师角色转变，创客教师需提升教学能力

在创客教育中，教师是引导者，而非掌控者；是激励者，而非阻碍者；是参与者，而非旁观者。正如美国设计协会（Agency by Design）研究人员 Amy Hachigian 所言，在创客教育环境下，创客教师可能是引导者、啦啦队队长、激励者、联系人、楷模、学习者、朋友、批评者、咨询师、心灵导师、合作者、教师①。然而，目前我国部分教师仍然保持着主导者的角色，沿用讲授、模仿操作等传统的教学模式，难以灵活地将其自身角色转变为创客活动的引导者、管理者和监督者，阻碍了学生创新、探究和创造能力的发展。为适应教师角色转变的需要，教师要把握好创客教育的特点，厘清在教学过程中的角色定位，提高综合素质，创新教学方式②。

（三）面向教学模式革新，创客教师需提升教学能力

创客教育的教学内容由传统的分科学习转变为基于项目的学习，教学的跨学科特征得以增强。基于此，创客教师需要思考如何设计满足学习者需求的教学项目，如何应用跨学科教学能力、知识技能与资源储备进行教学③。为此，创客教师应采用以项目为引导、以解决问题为目标的多学科融合式教学方法和团队化教学模式，并综合应用多学科知识，构建文化响应式课堂。另外，不同学科教师需要相互配合，成为教学合作者，共同引导学生完成某项具体项目的学习④。然而，目前部分教师在"创课"教学设计、跨学科思维和创新创造等方面的能力与素养不足，不仅使创客活动的方法与模式不清晰，难以为学生活动提供准确指导，而且令师生关系无所适从⑤。

---

① 许涛、刘涛、杨新等：《校园创客教育生态系统的要素及构建研究》，《远程教育杂志》2016 年第 5 期。
② 郑旭东、彭红超：《学习科学视域下我国创客教育开展的重新审视》，《中国远程教育》2018 年第 1 期。
③ 任苗苗、马燕：《创客教育的形态、功能和现实思考》，《教育评论》2017 年第 4 期。
④ 杨晓哲、任友群：《数字化时代的 STEM 教育与创客教育》，《开放教育研究》2015 年第 5 期。
⑤ 郑旭东、彭红超：《学习科学视域下我国创客教育开展的重新审视》，《中国远程教育》2018 年第 1 期。

二 创客教师教学能力提升研究的反思

通过梳理创客教育的研究文献、政策文本和相关案例,分析基本观点,了解国内创客教师教学能力的现状,反思其中存在的问题,借鉴国外相关研究成果的经验,探讨创客教师角色转变及教学能力提升问题,有助于形成创客教师教学能力提升的研究框架。

(一)创客教师教学能力提升研究关注多元能力,亟待进行系统研究

创客教育是多学科知识的汇聚与融合,对教师的综合素质、综合能力要求较高。具体来说,创客教师的教学能力应是多元的、综合的:(1)在专业知识的基础上,创客教师应具备多元知识结构[1]和创客教育实践技能,主要包括创客空间建设能力、创客课程开发技能、创客技术应用能力、创客教育教学技能等[2];(2)创客教师应积累多学科知识,以具有较高水平的跨学科教学能力和动手实践能力;(3)创客教师应具备创新意识和创新能力,运用创客的理念和方式改造教育;(4)由于学生创新能力的高低在很大程度上取决于创客师资水平的高低,故创客教师还应具备创新启发的教学能力、敏锐的学术洞察力、强烈的创新意识与问题意识[3]。

但问题是,创客教师如何才能具备这些多元的、综合的教学能力呢?目前,研究者尚未构建起科学的创客教师教学能力体系。创客教师应具备哪些"开展教学活动的能力""研究发展教学的能力"和"聚焦教学影响力的能力",以及不同能力之间的作用关系如何,这些问题亟待研究者做进一步的系统研究。

---

[1] 张磊、张金耀、雷前虎:《成人创客教育发展的基础与走向》,《中国成人教育》2017年第5期。

[2] 李彤彤、王志军、邹蕊等:《创客教师专业素质结构研究》,《中国电化教育》2017年第6期。

[3] 万超、魏来:《创客教育:高校创新型人才培养的新视角》,《东北大学学报》(社会科学版)2017年第5期。

第七章 中学创客教育中序列化学习活动模型的应用建议

（二）创客教师教学能力提升研究应以理论为导向，以实践促反思

针对创客教师教学能力的提升问题，殷朝晖等[1]从理论角度提议培养具有专业基础的创客师资，认为教育主管部门应把创客师资培养作为系统工程进行规划设计和组织培训，并提出提升创客教师教学能力需要整合社会资源；何阅雄等[2]提出通过"四协同"（即内力激发与外力激励协同、理论学习与实践训练协同、集中讲授与自主学习协同、团队发展与个体成长协同）模式，提升创客教师的教学能力和素养；祝智庭等[3]提议建立职前、职后一体化的创客教师培养体系，让创客教师有更多精力参与学习者的创新实践。此外，还有学者认为，开展创客教师培训和创客教学研讨活动，也有助于更多的教师掌握创客教育的理念、方法、策略与程序，促成创客教育融于常规教学活动[4]。如美国詹姆斯麦迪逊大学通过开发教师教育项目，提升了教师应用现代技术开展创客教育教学的能力；2016年，K-12学校联合签署"创客承诺"，提出学校向教师提供正式的创客学习培训。我国深圳、河南省等地的中小学也相继成立了"创客师资培训基地"。

总的来说，创客教师培训应遵循专业性、前瞻性、针对性等原则，不仅要强化创客相关软硬件核心技术的培训，而且要注重创客精神、理念与思维的培育与养成[5]。然而，当前创客教师培训多以讲座为主，且重在传授理论知识，培训的针对性和有效性均有待提升，与创客活动有关的操作实践也有待加强。

（三）创客教师教学能力提升研究需聚焦于创新人才培养的价值理念

创客教育是一种以"动手、合作、分享、创意"为特征，致力于

---

[1] 殷朝晖、王鑫：《美国K-12阶段STEM教育对我国中小学创客教育的启示》，《中国电化教育》2017年第2期。
[2] 何阅雄、蒋云良、马志和等：《教学型高校青年教师教学能力"三阶段四协同"发展模式的探索》，《高等工程教育研究》2013年第6期。
[3] 祝智庭、孙妍妍：《创客教育：信息技术使能的创新教育实践场》，《中国电化教育》2015年第1期。
[4] 陈永霖、金伟琼：《中美高校创客教育比较研究》，《高等工程教育研究》2017年第1期。
[5] 薛瑞昌、王清：《小学创客教育的发展与理性思考》，《教学与管理》2016年第29期。

将学生培养成创新型人才的教育模式。正如斯坦福大学 FabLearn 项目的负责人 Blikstein 所言:"创客教育关乎育人过程,而非产品。"[1] 然而,目前创客教师教学能力的提升策略大多从创客教师的教学环节入手,而忽略了创客教师教学能力与学生发展之间的关系。基于此,我国应从创新人才必须具备的"创新意识""创新思维"和"创新能力"等着手,使创客教育成为创新教育的有机组成部分[2]。

尽管在借鉴国外相关经验的基础上,我国创客教育理论研究已取得了一定的成果,但针对创客教师教学能力的研究仍相对薄弱,亟待吸收其他相关理论来深化,如可以根据创新人才培养的需要,分析创客教师的教学能力需求,即在学生创新意识、创新思维和创新能力培养的不同阶段,分析创客教师需要具备哪些教学能力。

三 创客教师教学能力提升研究的建议

立足于培养创新人才的目标,针对创客教师教学能力的现状与存在的问题,可从创客教师教学能力的需求分析、结构模型、提升策略、评价指标等角度,提出创客教师教学能力提升研究的建议,以期为教育管理部门研究和开展创客教育提供参考。

(一) 多角度分析创客教师教学能力的现状与成因

多角度调查、反思创客教师教学能力的现状,有利于了解创客教师的外在技能水平和内在素质发展程度,进而发现问题,探析创客教师未来的发展方向。具体来说,研究者应采用定量研究和定性研究相结合的方法,抽样兼顾公立、私立学校和城市、乡镇、农村学校等,通过教育机构发文、网络填写调查问卷等方式开展调研,进行集体座谈和个别访谈,并深入课堂实践中,从教学准备、教学设计、教学实施、教学反思和教学评价等方面调查创客教师教学能力的现状,以比较全面地获取创客教师教学能力的相关数据,发现存在的问题并反思其成因。

---

[1] 朱龙、胡小勇:《面向创客教育的设计型学习研究:模式与案例》,《中国电化教育》2016 年第 11 期。
[2] 杨刚:《创客教育双螺旋模型构建》,《现代远程教育研究》2016 年第 1 期。

（二）分阶段开展创客教师教学能力的需求分析

创客教师教学能力需求分析小组由利益相关者（包括学校领导、教师、家长等）组成，小组的主要工作是关注教学能力措施的评估结果，开展学生、同事、行政人员以及家长对教师效能的调查，记录每位教师所带各班学生的成绩和学校活动的参与次数等。利益相关者可以通过协作，拟定关于创客教师的职位描述和工作要求，提出对创客教师教学能力的期望，阐释创客教师在不同阶段的教学能力需求，设计并实施创新方案，从而为创客教师教学能力的提升提供支持。其中，创客教师教学能力的需求分析过程如表7-1所示，具体涉及发展、实施、成熟、规范四个阶段。

表7-1　　　　　　　创客教师教学能力的需求分析过程

阶段	主要内容
发展阶段	①学校聘用符合学校和创客教学要求的"最佳人选" ②学校制定创客教师教学能力分析的流程
实施阶段	①学校制订创客教师教学能力提升的书面计划，包括创客课程开发、跨学科规划、课外教学职责等 ②学校与教育机构、企业等主要利益相关者合作，开发并修订创客教师教学能力需求分析的题目
成熟阶段	①学校开展年度需求评估，积极优化创客教师教学能力提升的计划 ②学校与利益相关者合作，开展创客教师教学能力的有效性分析
规范阶段	①学校将资源分配给教学能力卓越的创客教师，并与之开展项目合作 ②评估创客教师教学能力实践的有效性

资料来源：T-STEM Initiative，"Texas Science Technology Engineering and Mathematics Academies Design"，https://docplayer.net/16681034-Texas-science-technology-engineering-and-mathematics-academies-design-blueprint-rubric-and-glossary.html，August 31，2018.

（三）分层次构建创客教师教学能力的结构模型

构建创客教师教学能力的结构模型，首先，应辨别其构成要素及各要素的关联性——可把创客教师教学能力划分为"开展教学活动的能力""研究教学发展的能力"和"聚焦教学影响力的能力",分析这三种不同能力之间的作用关系,初步构建结构模型。其次,对创客教师进行深入访谈,利用定性分析软件 MAXQDA（v12.0）对访谈内容进行编码和分析,通过内涵探讨、数据搜集、文本编码等优化结构模型,通过德尔菲专家咨询法,进一步修正结构模型。最后,再次采用德尔菲专家咨询法,确立创客教师教学能力的构成要素以及各要素之间的相互关系;同时采用验证性因素分析法,验证创客教师教学能力结构的合理性。

（四）按流程实施创客教师教学能力的提升策略

为持续提升创客教师的教学能力,本书提出了创客教师教学能力的提升策略（如图 7-1 所示）,其实施流程如下:通过分析创客教师教学能力的理想状态和现实情况,发现其"教学能力差距";分析环境支持和创客教师素质情况,设计提升教师教学能力的干预方案[①],确保创客教师的教学能力与学生需求相适应;通过多元评价,验证提升策略的可行性。

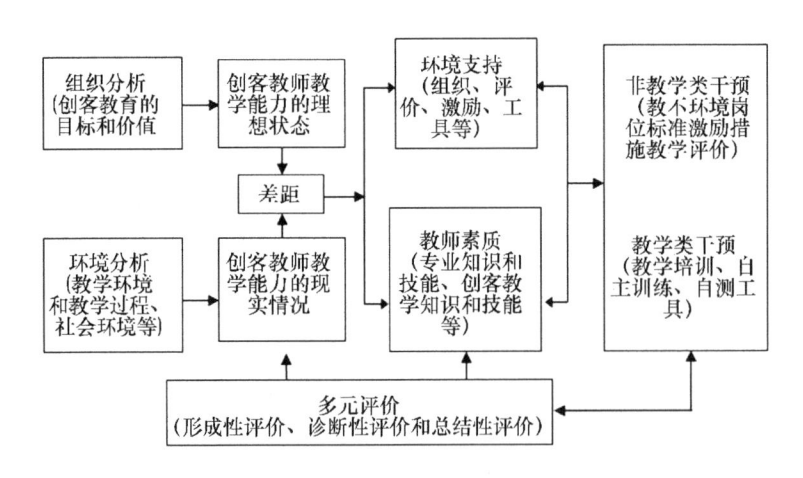

图 7-1 创客教师教学能力的提升策略

---

① 樊泽恒：《提升大学教师教学能力的技术选择及策略》,《高等教育研究》2009 年第 8 期。

为确保创客教师教学能力的提升策略予以有效落实,学校应提供系列支持:(1)根据学生情况、师资力量和学校的发展目标,制订创客教师教学能力提升计划;(2)采用系统化的专业发展模式,为创客教师教学能力提升提供教学培训、自主训练和工具支持等多方面的支持;(3)通过嵌入式的培训学习,促使创客教师教学能力提升与创客教育发展相适应。

(五)按主体开展创客教师教学能力的评价

在客观的量化评价中,创客教师教学能力的评价要突破普通学科教师教学能力的评价,即根据创客教师教学能力的不同等级给予所需支持。根据高职教师教学能力成熟度模型①,结合创客教师教学能力的目标,形成不同等级创客教师教学能力,具体可分为初始级(教学合格型教师应具备的教学能力)、可改善级(教学胜任型教师应具备的教学能力)、可管理级(教学骨干型教师应具备的教学能力)、可发展级(技术专家型教师应具备的教学能力)和成熟级(教学名师应具备的教学能力)五个等级。不同等级创客教师的教学特征及其评价如表7-2所示。

表7-2　　　　　　　**不同等级创客教师的教学特征及其评价**

教学特征 不同等级	能力要求	教学行为	评价方式
初始级	创客教师具备职业的必备技能,掌握规定的创客教育专业知识,并能够将其运用于创客教学活动中	创客教师初步明确创客教育教学理念,主观教学意识较强,教学行为更多地依赖于个人经验	教学目标评价:通过创客教学的目标达成度,引领新手教师初步成长
可改善级	创客教师具有职业规划意识,自觉树立终身学习意识,积极推广新教学理念,不断增加职业的社会认同与自我认同	创客教师能够制订较为全面的创客教学计划,教学各环节相互配合,阶段性教学任务得以落实	发展性评价:系统分析创客教师的教学能力,促进创客教师的职业发展

---

① 张洪春、温中梅:《高职教师教学能力成熟度模型的研究及应用》,《现代教育管理》2015年第9期。

续表

不同等级＼教学特征	能力要求	教学行为	评价方式
可管理级	创客教师具备创新意识与创新思维，能够利用技术收集、分析创客教育活动，并进行自我反思和调整教学	创客教师有效使用教学资源，提升教学效率，实现教学环节的不断优化，教学体系相对完整	情感性教学评价：教师反思其自身教学能力与学生发展的关系，从情感着手评价，基于学生的反馈情况改进教学
可发展级	创客教师能积极建立平等、和谐的师生关系，主动习得跨学科教学能力和团队协作能力	教师能够熟练地开展创客教学活动，接受多方教学指导并积累教学经验，逐渐形成比较完整的教学模式	以学为主的过程性评价：关注学生的学习过程，并根据学生发展的情况来改进教学
成熟级	创客教师能够培养顺应全球创新竞争趋势、肩负时代发展使命的创新人才	教师将创客教育理念与社会发展趋势、其自身教学实践的独特性相结合，不断优化教学行为	专业团队法评价：评价内容全面且互动性强，促进教师的职业成长，并带动团队其他成员取得进步

与此同时，创客教师也需要对其自身的教学能力与水平进行自我诊断，即进行主观的自我评价：（1）基于创客教师教学能力的结构模型，设计并开发创客教师教学能力的自评工具；（2）可结合理论研究、专家论证和多轮迭代的实证检验[1]，完善创客教师教学能力的自评工具，制定相应的自评量表；（3）在教学实践的真实情景下，将自评量表应用于创客教师的教学能力测评，对创客教师教学能力的自评工具进行干预性优化，直至形成有效的自评工具。

概括而言，在创客教育的不断发展过程中，如何在理论与实践层面提升创客教师教学能力成为重要问题。一方面，我们需要根据创客教育理念，拓展创客教师教学能力理论研究。目前，我国面向创客教

---

[1] T-STEM Initiative,"Texas Science Technology Engineering and Mathematics Academies Design", https://docplayer.net/16681034-Texas-science-technology-engineering-and-mathematics-academies-design-blueprint-rubric-and-glossary.html, September 5, 2018.

师教学能力的研究仍相对薄弱，尤其是针对创客教师教学能力结构与评价的研究比较匮乏，亟待吸收其他相关理论来丰富。另一方面，我们应该以问题解决为导向，探讨如何在实践中提升创客教育教师的教学能力。具体来说，应立足于创新人才培养的目标，面向创新人才培养的过程，针对创客教师教学能力的问题，有效开展创客教师教学能力提升的实践活动。

第二节　改进跨学科视域下学生创客大赛*

学科与竞赛相结合是创新融合新阶段人才培养的重要方式。在跨学科视域下探讨学生创客大赛的现状，分析创客大赛存在的问题包括：跨学科创新主题偏重理科知识，人文方面有待加强；团队跨学科合作偏重形式，异质性内容耦合不足；学生跨学科创新意识强烈，但跨学科创新能力薄弱；跨学科竞赛区域发展不平衡，跨学科课程体系建设亟待加强。针对以上问题，从社会、学校、学生三个层面提出改进策略：学生综合运用跨学科知识，从"跨学科阅读—跨学科思维—跨学科实践"三个维度形成解决复杂问题的方案；学校充分引导师生跨学科参与创客大赛；社会营造创客大赛的跨学科文化氛围。

一　作为跨学科培养学生创新能力的创客大赛

近年来，参与创客大赛的学生人数不断增加。例如，北京市中小学生科技创客活动的参与人数从2015年600余人增加到2018年的近2万人；进入海峡两岸青少年创客大赛决赛的学生数量从2016年80多人，增加到2018年的210人。作为培养学生综合素质和创新精神的有效手段和重要载体，创客大赛对于培养学生的创新精神与实践能力，激发学生的学习兴趣和潜能具有重要作用。

根据"学科类型"（单学科、跨学科）与"竞赛类型"（知识习

---

* 本节内容主要参考赵慧臣、张娜钰、赵萍《跨学科视域下学生创客大赛的现状、问题与改进》，《数字教育》2020年第2期。

得型、实践训练型)形成了竞赛类型的四维象限,包括单学科知识型竞赛、单学科实践型竞赛、跨学科知识型竞赛和跨学科实践型竞赛(如图 7-2 所示)。

```
                       竞赛类型
                         ↑
                      实践训练型

         单学科实践型          跨学科实践型


            单学科              跨学科
        ─────────────────┼─────────────────→ 学科类型


         单学科知识型          跨学科知识型

                      知识习得型
```

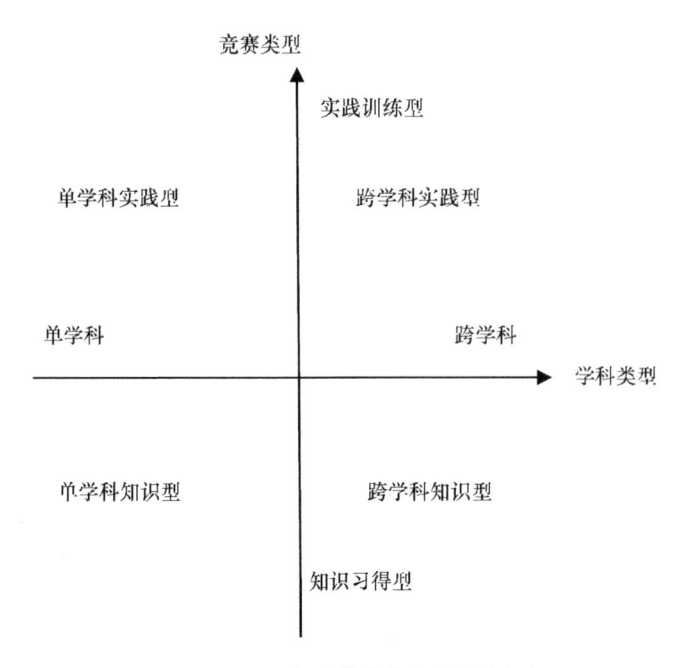

图 7-2 不同类型学科竞赛的划分框架

其中,单学科实践型竞赛与单学科知识型竞赛作为传统学科竞赛的代表,突出个别学科知识的运用。例如,物理竞赛、化学竞赛、英语能力竞赛、语文能力竞赛等均属于单学科竞赛,主要注重分科知识的培养,所涉及的竞赛题目也大多以实现某单学科知识点为基础。跨学科知识型竞赛则更注重不同学科知识的整合。跨学科实践型竞赛以学科创新融合为实践指向,注重提升学习者的设计思维能力,促进学生核心素养的发展[①]。其中,创客大赛就属于"跨学科实践型"竞赛,在跨学科知识的支持下,培养学生的综合实践能力。

---

① 林琳、沈书生:《设计思维与学科融合的作用路径研究——基础教育中核心素养的培养方法》,《电化教育研究》2018 年第 5 期。

二 跨学科视域下学生创客大赛价值的审视

创客大赛是面向全体青少年群体的科技创新实践活动，以跨学科竞赛的形式提升学生跨学科知识掌握、创新实践能力和综合解决实际问题的能力。随着社会对学生创客大赛的重视程度加大，越来越多的学生参与创客大赛。跨学科视域下学生创客大赛价值进一步凸显。

（一）促进社会"双创"教育，提升创新人才培养质量

跨学科学生创客大赛结合学生认知发展特点，采用"竞赛+教育"的模式，以竞赛为着力点，将"创新创业"作为提升学生创新能力和就业能力的重要抓手，将创新与教育相结合，以创新的思维、前沿的理念、具体的实践使学生学习、融合不同学科的知识，从而逐步发展为具有跨学科思维和创新实践的复合型人才。

（二）推进学校教育综合改革，实施跨学科教学模式

创客大赛引导学生主动地投入创造性的实践活动中去，促使学生能够进行创新研究与动手实践。围绕教育深化改革的重点问题①，通过跨学科的理念促进学生个性特别是创新精神和实践能力充分发展，建立多元参与的跨学科教育模式，创新跨学科资源的提供方式。在"训练—竞赛—评价—调整"的模式中，实施跨学科的教育教学模式，推进学校教育教学改革，提升学校教育综合改革水平。

（三）促进教师提升跨学科教学能力，引导教师角色转换

从参赛选手的培训到竞赛前的辅导，从理论基础与学科知识的学习到逻辑思维与实践操作的训练等方面，指导教师都起着至关重要的作用②。创客教师利用跨学科视域下的创客大赛，通过"培养创新意识""激发创新欲望""提供创新条件"和"形成创新能力"四个环节培养学生的创新实践能力③。此外，教师在创新事例与创新教学模

---

① 陈子季：《深化教育综合改革的十大重点问题》，《中国教育报》2018年第8期。
② 张剑平、章苏静：《学科竞赛促进大学生教育技术能力发展》，《电化教育研究》2010年第8期。
③ 《创新能力培养四阶段》，搜狐教育，http://www.sohu.com/a/282013752_100134151，2018年11月20日。

式的过程中，不断积累不同学科知识，逐步提升教学能力与专业素养，不断优化在创新人才培养中的角色。

（四）提高学生跨学科学习能力，发展学生研学水平

创客大赛能够打破学科、年级的界限，引导具有相同兴趣、爱好的学生参与其中[①]。不同学科的学生在交流的过程中，跨学科研究与学习水平在竞赛中得到发展。

首先，有利于学生创新创意思维的培养。创客大赛的竞争模式可以更好地向学生传递创新观念，使学生培养个人的思维观念[②]。学生在具体的竞赛情境中可以深化创新创意思维观念，为他们进行科学研究活动提供积累。

其次，有利于学生创新实践能力的习得。学生在竞赛前根据大赛项目要求，从日常实践活动中发现问题，并进行理论依据和科学数据的查阅，在竞赛中锻炼问题解决能力与实践操作能力。

再次，有助于学生团队协作能力的提高。中学开展创客大赛有益于培养学生的个性化能力及社会认同。学生可在创客实践交流中感知合作与竞争的辩证关系，体验团结合作的重要性，培养学生的团队合作精神，增强学生团队的凝聚力。

最后，有益于学生解决问题能力的增强。创客大赛设置了富有挑战性、趣味性、刺激性的创意实践活动，让他们在竞赛过程中积极思考、创新实践、交流共享，在不断分析和解决问题的过程中培养实践探索精神，形成基于"项目"的学习经历。

三　跨学科视域下学生创客大赛的现状分析

本书以21个学生创客大赛案例为分析对象，依据大赛主题，对大赛的首届时间、主办单位、参赛人数、赛事主题进行总结，分析跨学科视域下学生创客大赛的现状。

---

① 贺敬良、赵华：《以赛促学——大学生实践创新能力培养的新路径》，《教育教学论坛》2015年第51期。

② 曹玲玲：《培养"创客"——从科技创新大赛出发》，《科学大众》（科学教育）2015年第9期。

（一）主题关注未来与创新，引导学生从跨学科视角关注现实问题

创客大赛主题关注教育、文化、健康、环境、城市未来和可持续发展等热门话题（如表7-3所示），融合创新理念和前沿科技，从跨学科的视角思考，进行创意、设计、制作、分享等活动。其中，海峡两岸青少年创客大赛、全国中小学生创·造大赛、CICC全国青少年创客联赛、全国青少年人工智能STEAM创新大赛四个大赛均以"未来"作为主题关键词，引导学生充分发挥想象力，发明创造出未知的产品；"酷创星球"全国青少年创客大赛2016—2018年均以"创新"作为主题词，旨在激发学生的创新意识与创新思维，提高学生创新能力。虽然各个大赛的主题不尽相同，但都始终关注未来与创新，让学生在"实践"的过程中，从跨学科的视角出发，关注和分析现实问题，形成解决问题的有效方案。

表7-3　　　　　　　　　学生创客大赛的主题

大赛名称 \ 大赛主题	2016年大赛主题	2017年大赛主题	2018年大赛主题
海峡两岸青少年创客大赛	众智未来		
"酷创星球"全国青少年创客大赛	科技创意·合作实践·开拓创新·开源分享	智造创新·行知合一·开源分享	培养全面发展的人
全国中小学生创·造大赛	—	"未来家园之变暖的挑战"	科技冬奥与智慧城镇
CICC全国青少年创客联赛	—	乐做创客·乐创未来	创客普及·协作分享
"创客中国"小小创客创新创意大赛	—	—	小小创客
全国青少年人工智能STEAM创新大赛	—	—	人工智能与未来生活

说明：表中的"—"意为大赛还未举办，没有相关的大赛主题。

（二）内容逐步拓展，涵盖不同学科内容

部分学校正把开展学生创客大赛活动作为提升学生创新能力和实

践技能的重要手段,将创客大赛的参与率和高水平大赛的获奖情况作为检验学校教学质量和学风建设的关键指标①。在此背景下,学生创客大赛紧密结合时代主题,所涉及的内容也越来越多样化,涵盖了编程、建模、电子、设计、表达、物联网、人工智能等不同领域和学科内容。例如,2018年"全国青少年人工智能STEAM创新大赛"以人工智能为主题,将前沿科学技术融入创客大赛中,引导学生将创新与时代相联结。

(三) 应用前沿科学技术支持跨学科研究方案

创客大赛充分发挥科学技术的优势,引导师生应用前沿科学技术来分析和解决现实问题,形成符合区域特色的跨学科教研体系。其中,跨学科方案主要指面向创客教师的跨学科教学方案,以及面向学生的跨学科学习方案。例如,河南省淮滨高中构建基于学生成长实际的"2341"模式创客课程体系②,构建"学—思—动—用—创"新型学习体验模式,整合多元教育资源,形成了丰富的创客教育跨学科研究方案。

(四) 创客大赛跨学科支持服务体系逐步完善

创客大赛主办单位的规则设置大致合理,参赛队伍的"跨学科"结构较为完善。学校鼓励学生积极参与创客大赛,并为学生提供了充分的物质条件支持,营造了良好的竞赛氛围;部分学校建立了创客大赛教师培训工作坊,增加对创客师资的投入,引进有经验的创客教师,引导多学科教师组建创客大赛指导队伍;创客大赛主办方健全了创客大赛教师成果奖励机制,增加对参赛师生的多方支持,保证创客大赛跨学科服务体系。

四 跨学科视域下学生创客大赛的问题反思

近年来,越来越多的地区开展了各具特色的学生创客大赛。但学

---

① 赵鹏、袁兴明:《地方高校二级学院开展学科竞赛的现状、问题及对策》,《广西教育学院学报》2015年第5期。
② 淮滨高中:《砥砺奋进走稳特色与创新发展之路》,https://mp.weixin.qq.com/s/D4D9O1wjHJiEvm2Idp-4ZA,2018年10月3日。

科融合视域下创客大赛"创新创造"特性的体现,需要促使不同学科的知识之间发生可连接性,即实现跨学科学习与教学中异质性知识的输出[1]。因此,笔者对不同的教师教学形式(单学科教学、跨学科教学)与学生学习(单学科学习、跨学科学习)形式进行划分,通过对不同元素进行组合,获得教学方式的四维象限(如图7-3所示)。第Ⅰ象限为跨学科教学—跨学科学习;第Ⅱ象限为单学科教学—跨学科学习;第Ⅲ象限为单学科教学—单学科学习;第Ⅳ象限为跨学科教学—单学科学习。

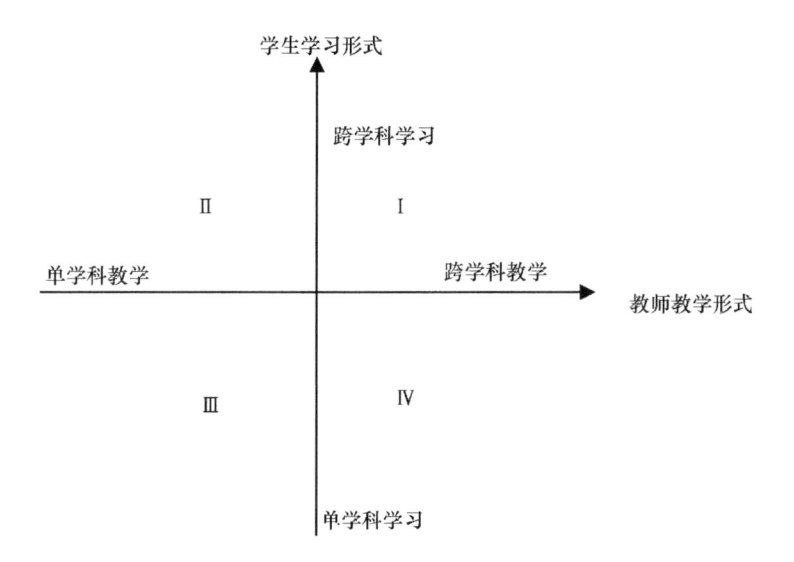

图7-3 学生学习形式与教师教学形式象限

教师和学生在四种情况的跨学科教学与学习中,异质性知识的输出与获得不同。对于教师来说,知识的类型与教师的跨学科教学能力之间存在一定的正向相关关系。其中,教师的单学科教学能力越强,同质性知识掌握越多;教师的跨学科教学能力越强,异质性知识掌握则越多,不同知识之间发生可连接性的可能性变大,跨学科教学中异

---

[1] 谢坤:《教师在跨学科教学中的异质性知识耦合探讨》,《教育理论与实践》2017年第32期。

质性知识的输出也越多。因此,教师采用跨学科的教学方式,更易输出异质性知识。同理,对学生而言,采用跨学科方式学习也更易获得异质性知识。

在学生学习方式与教师教学方式关系的四个象限中,最理想的教与学方式为"第Ⅰ象限",即"跨学科教学—跨学科学习"。创客大赛就属于该象限。因而,开展跨学科视域下创客大赛,需要进一步对创客大赛的主题、团队合作、创新能力和课程体系建设等方面加以重新审视,采取更有效的方式实现教学方式的变革。

(一)跨学科创新主题偏重理科知识,人文方面有待加强

创客大赛尽管以融合创新为基本思想,但偏重理科知识,跨学科综合方面有待强化。例如,全国青少年电子信息智能创新大赛、国青少年机器人竞赛、全国青少年无人机大赛等众多创客大赛均属于过于偏重理科知识操作的范畴。高中生创新能力大赛、"创客中国"小小创客创新创意大赛、中国青少年人工智能及创客大赛虽以创新、综合为主题,但在实际竞赛的过程中人文方面也有待加强。

(二)团队跨学科合作偏重形式,异质性内容耦合不足

创客大赛指导教师团队通常由科研水平较高、创新实践能力强,且有相关竞赛指导经验的教师组成,但这些创客教师更侧重于单学科内容,跨学科教学中的异质性知识耦合中的差异化互动、碎片化整合以及创新性应用不足[①];缺乏学科间的联系与沟通,跨学科教师团队合作效果不明显。

此外,创客大赛团队不仅需要小组成员的合作意识与团队精神,还对学生的跨学科知识、技术水平和动手实践能力提出了较高要求。然而,现实情况是学生团队的小组成员常常局限于本年级,高低年级间的搭配较少,学生之间难以从多个学科视野实现合作,降低了创客大赛的创新实践效果。

(三)学生跨学科创新意识强烈,跨学科创新能力薄弱

创新意识主要是解决"为什么要创新"和"为谁创新",即创新

---

① 谢坤:《教师在跨学科教学中的异质性知识耦合探讨》,《教育理论与实践》2017年第32期。

的动力问题，它对创新人才的培养具有至关重要的作用①。在应试教育背景下，学生缺乏怀疑精神与创新精神。即便部分学生有创新意识，但不善于利用和创造条件；思维敏捷，但不善于掌握创新性思维方式；有灵感，但不善于捕捉②。因此，一些学生即使有参赛意愿，却因为创新意识薄弱，创新思维与创新能力相对不足，而无法达成参赛要求；还有部分学生因实践操作能力存在不足，无法将富有创造力的想法转化为真实作品。

（四）创客竞赛的区域发展不平衡，跨学科课程体系建设亟待加强

创客大赛的发起方多为全国性组织，发达地区创客大赛的关注度和参与度较高，欠发达地区则较缓慢。因此，学科融合视域下创客大赛要大面积、长时间地推广实施，学校层面还需要研发制定学科融合的校本课程。重点是构建满足社会需求的跨学科课程，避免课程资源"孤立化"和"学科化"倾向，有效整合相关学科的教学内容，形成具有本土特色的跨学科的课程资源③；将创客大赛人才培养常态化，从"创客师资"到"创客学生"，让"学科+竞赛"的创新创造文化融入校园建设之中，将创客大赛融入课程体系建设中。

五 跨学科视域下学生创客大赛的改进建议

针对上述问题，跨学科视域下学生创客大赛作为提高学生创新精神与实践能力的重要途径，应努力在学生、学校和社会三个层面加以改进，以进一步加大校内外支撑平台和大赛团队建设的力度，从而使创客大赛可以更好地提升学生的创新能力。

（一）学生综合运用跨学科知识，形成解决复杂问题的方案

跨学科整合是以富有成效的方式训练和培养学生运用跨学科知识的能力。学生需要以"跨学科阅读—跨学科思维—跨学科实践"作为标准，在跨学科阅读中获得灵感和想法，在跨学科思维中尝试构建多

---

① 何克抗：《论创客教育与创新教育》，《教育研究》2016年第4期。
② 廖湘蓉、杨志明：《大学生创新意识与创新能力的培养》，《教育探索》2000年第5期。
③ 赵慧臣、周昱希、李彦奇等：《跨学科视野下"工匠型"创新人才的培养策略——基于美国STEAM教育活动设计的启示》，《远程教育杂志》2017年第1期。

种解决复杂问题的方案，在跨学科实践中验证方案的可行性和优化创新产品，从而提升综合运用跨学科知识的能力（如图7-4所示）。

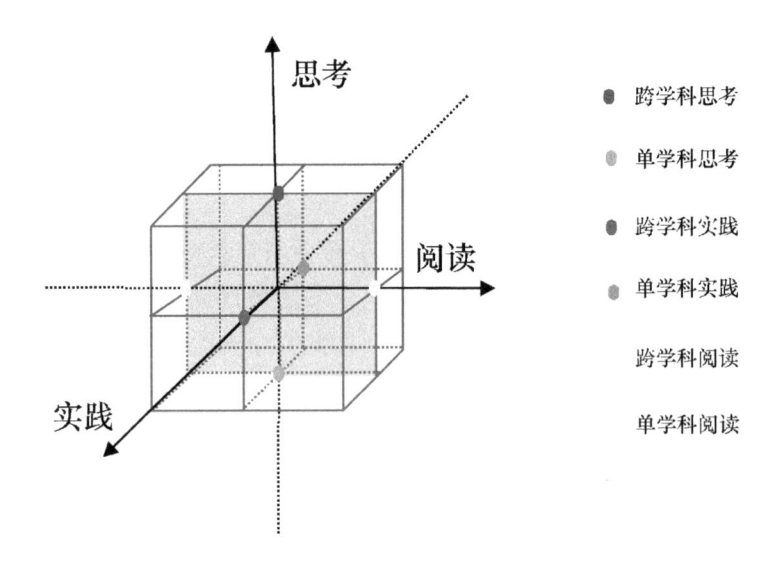

图7-4 学生"跨学科阅读—跨学科思维—跨学科实践"的跨学科能力构成

1. 养成跨学科的学习习惯，从跨学科阅读中获得创意

跨学科阅读是获取学习资源、充实学习内容、寻找学习方法、了解不同学科发展现状等的重要途径，是进行跨学科学习的必要手段[1]。跨学科教育从受教育者的角度来看，其实质是博览群书，进行跨学科学习和跨学科阅读[2]。学生在跨学科阅读中不断了解知识的种类，获取处理不同知识的工具，提炼归纳零星的想法，用系统的、多维的知识将其重新整理，获得创意。

2. 培养跨学科思维方式，形成跨学科的问题解决方案

跨学科思维的方式可将跨学科阅读中获得的灵感和启发予以归纳总结，使之成为可操作的问题解决方案。其中，教师设计的跨学科学

---

[1] 朱学梅：《高校图书馆创建大学生跨学科阅读模式研究》，《中国中医药图书情报杂志》2015年第2期。

[2] 朱学梅：《高校图书馆创建大学生跨学科阅读模式研究》，《中国中医药图书情报杂志》2015年第2期。

习方案是训练学生跨学科思维方式的重要支持。除了接受教师设计的跨学科学习方案外，学生还要培养异质性思考问题的方式，主动优化不同学科知识之间的联系，找到不同学科知识之间的异质性，形成跨学科问题的解决方案。

3. 进行跨学科交流，加强跨学科实践的合作氛围

综合运用跨学科知识有助于学生提升创新思维、探索精神与合作精神。一方面，学生应积极主动地学习不同学科知识，并与不同学科教师进行交流讨论，创造性地对所学知识进行意义建构。另一方面，学生应该积极地向不同年级、不同特长的同学展示想法，接受建议与批评，加强跨学科实践的合作氛围。

（二）学校充分引导师生参与跨学科创客大赛

作为创客大赛的主要实施阵地，学校应当构建融合"学科+竞赛"的课程体系，建设学科融合的创客大赛指导教师队伍，投资组建跨学科创客实验室，从而引导师生参与创客大赛。

1. 联合社会、学校组建跨学科创客实验室

学校要充分利用社会和政府提供的资源，建设跨学科创客实验室。学校不仅要负责创客教师的培训、培训课程的安排（保证创客实验室的开放时间），还应将部分跨学科的实验内容作为开放项目，使学生可以利用创客实验室开展跨学科研究活动；以学生创客大赛为依托建立跨学科的学习支持，鼓励学生进行跨学科的创新项目训练。

2. 建设"学科+竞赛"的跨学科课程体系

学校要将"学科+竞赛"的教学模式融入现有课程体系中，如在学科教学中融入编程技术、艺术鉴赏、人工智能等相关交叉学科的内容，为学生提供创客大赛活动所需的专业知识与技能培训。此外，学校应鼓励和引导参与大赛的高年级学生将竞赛经验、心得与收获以及在竞赛中容易出现的问题传授给低年级学生，发挥高年级学生的帮带作用。

3. 建设跨学科的创客大赛指导教师队伍

教师在跨学科教学中要注意建构知识的价值取向，解决学科知识从原本完整知识体系中剥离出来的零散、刻板和悬浮化问题，构建学

生连续统一的认知印象①。然而，并不是所有的任课教师都具有指导学生跨学科创新活动的意愿与能力。为此，学校应选拔不同学科的教师组成跨学科视域下创客大赛指导团队。跨学科视域下创客大赛的教师队伍既要尽量让不同学科教师参与比赛的过程中，又应有明确的组成分工，充分发挥不同学科教师的优势。

(三) 社会营造创客大赛的跨学科文化氛围

作为创客大赛的重要推进力量，政府和社会要完善创客大赛管理机制，组织多种形式的创客大赛，及时更新大赛形式，保证大赛内容与时俱进和大赛的公平、公正、公开，营造和谐的创客大赛氛围。

1. 政府完善创客大赛的跨学科管理机制

为了切实营造创新发展的良好环境，政府相关部门应健全跨学科大赛保障机制，对大赛的申报受理、审核认定、组织管理和日常监督做出明确规定。此外，政府要规范考试加分政策，加强对创客大赛的监管，以创客大赛来分享优质教育资源，加快优质教育资源服务的均化。

2. 行业机构组织多种形式的跨学科创客大赛

行业机构要以多种平台为依托，组织多种形式的跨学科创客大赛，如通过电视节目、教育 App 等线上与线下相结合，开展多种形式的跨学科视域下创客大赛，引导更多学生积极报名参与创客大赛。例如，全国中小学生创意大赛即为依托少儿频道播出的创意类栏目，通过科技和艺术的融合激发孩子们的创造力。

3. 家庭扮演跨学科创客大赛的助推角色

家庭在引导学生不断发现、获得灵感的过程中扮演着推动和引导的角色。教育工作者、各级各类的学生和家长具有较高的参与记录，这有助于提高项目的可持续性②。因此，家长可以通过布置自由式任务，进行合作型游戏等方式培养学生的跨学科创新思维，引导学生从

---

① 谢坤：《教师在跨学科教学中的异质性知识耦合探讨》，《教育理论与实践》2017年第32期。

② 赵慧臣、周昱希、李彦奇等：《跨学科视野下"工匠型"创新人才的培养策略——基于美国 STEAM 教育活动设计的启示》，《远程教育杂志》2017年第1期。

第七章 中学创客教育中序列化学习活动模型的应用建议

不同学科的视角分析问题，应用不同学科的知识解决问题，从而更好地助推跨学科大赛开展和学生综合创新能力提升。

第三节 构建序列化学习活动模型应用共同体

一 学校：融合多元活动空间，拓展模型的应用场景

一方面，随着智能技术的发展，创客学习空间从单一的实体空间向虚拟空间、融合空间不断拓展。在不同的创客学习空间，知行创融合的目标内涵各有侧重，并保持着横向维度、纵向维度的层层递进。因此，对于知行创融合目标的探究，更应结合具体的空间进行分析（如图7-5所示）。

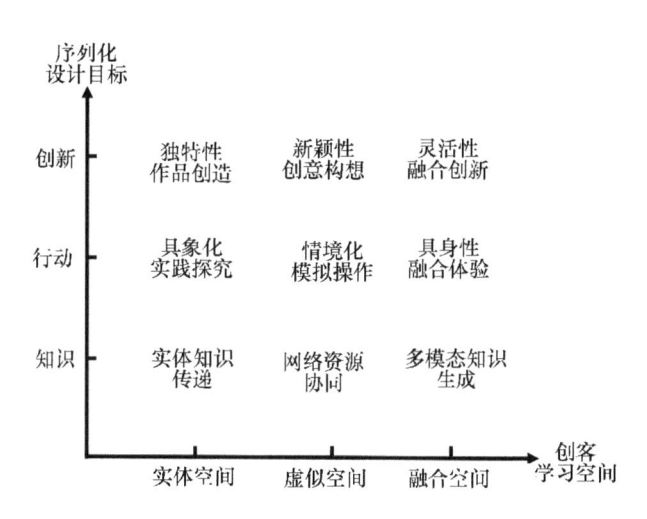

序列化设计目标	实体空间	虚拟空间	融合空间
创新	独特性作品创造	新颖性创意构想	灵活性融合创新
行动	具象化实践探究	情境化模拟操作	具身性融合体验
知识	实体知识传递	网络资源协同	多模态知识生成

图7-5 不同创客学习空间下知行创融合目标的侧重

在实体空间中，学生所接触到的知识多为静态、实体的知识，而创客教育更多的是通过直接或间接的方式将知识传递给学生，引导学生进行经验的转化，并在具象化的情境中，开展实践探究，创造出具有独特性的作品。在虚拟空间中，创客学习突破了时空的限制，实现了跨地区、跨学校的社会交流与互动，创客教师可引导学生利用丰富的网络资源，实现网络资源的协同，在虚拟化的情境中通过模拟操作

的方式进行原型制作，并在全方位的交流互动中产生新颖性的创意构想。在融合空间中，时空及环境的全方位、立体融合可以促进学生在知识传递、知识协同的基础上，实现多模态知识的融合生成[①]，且在全场域的具身性学习情境中，可进一步提升学生创造动机、创造情感和创造意志，促进学生在创客教育中更加灵活性地进行融合创新。

另一方面，学校应注重创客教师的培养与培训，为教师基于序列化模型创新创客教学提供支撑。在培训过程中，学校应尊重教师能力水平的差异，以素养培养为本位，以实践—反思为能力提升取向，以持续发展为评估导向，面向教学实践渐进地提升教师的创客教学设计、实施与评价能力，强化教师序列化学习活动模型应用的硬能力、软能力与巧能力，引导教师从技术应用思维向设计思维转变。同时，学校还应鼓励教师基于序列化学习活动模型，探索创客教育与劳动教育、学科融合的学习模式，因地制宜地开发特色化的创客教育校本课程。

二 教师：面向创客实践，形成模型应用的循环生态

在模型应用前，教师应坚持预设性和创生性协调统一，构建序列化学习活动模型应用的循环生态。序列化的学习活动模型只是明确了学习活动间的层级关系以及非线性逻辑关系，而非提供固定的学习流程或模式，所以教师在实践中可参考序列化学习活动模型，依据学习内容、学生特点等，设计不同创客学习环境下、不同创客教育形式的学习活动序列，并可借助社会互动，依据个体及共同体的反馈，不断地优化与调整创客学习活动序列，创生形成新的创客学习流程，满足学生多样、个性化的学习需求，为学生个体实现知识的应用、迁移和创新，学生共同体实现有效的组内协同、组间协作、集体协作赋能。

在模型应用过程中，教师应平衡个体与群体学习活动的关联，促

[①] 赵慧臣、李琳：《智能时代数字化学习资源质量评估研究——基于用户体验的视角》，《现代教育技术》2022年第1期。

进个体创新与集体智慧的共生。在推动学生达成知行创融合的学习目标过程中,"知识"在个体学习活动中发挥着主导作用,并可在群体活动中得到进一步的拓展与强化;"行动"在群体学习活动中发展主导作用,受到个体学习活动的推动;"创新"以个体学习活动和群体学习活动为重要基础,以实现个体创新与群体智慧。所以在创客教育实践中,教师应平衡个体活动与群体活动,避免出现重视群体活动而忽视个体活动、重视个体活动而忽视群体活动的问题。

同时,教师应立足于学生需求,强化创客学习与学生生活的联系,更好地推动学生在序列化的学习活动中转化经验,实现知行创的融合发展。一方面,教师应满足学生的胜任感、自主性与归属感的需要,激发学生的内在学习动机,如为学生的创客学习提供有限度的空间自由与心理自由,满足学生胜任感与自主性发展的需要;为学生提供个性化的学习指导,提升学生对创客学习的归属感。另一方面,教师应注重以学生已有经验为主,从学生生活经验出发,从日常学习生活、社会生活、自然生活中明确创客活动主题,打破知识与知识产生情境的割裂、知识与学生生活的割裂,促进学科与生活共融。此外,教师还应注重师生关系的重构,强调主体间不断地对话、分享、合作与反思,促进经验的融合转化。

三 学生:强化自我反思监控,实现知行创的融合发展

一方面,学生应学会综合运用多种策略提升元认知能力,监控其自身学习过程,在序列化学习活动中实现经验的有效转化。在创客学习前,学生应制订相应的学习计划,采用逆推的方式,明确学习目标,分析预计成果,选择合适的学习策略;有意识地监控其自身的认知过程,通过自我记录、自我提问、集中注意等方式,根据学习目标及时评价、反馈其自身认知的结果与不足,推动经验的转化;针对其自身创客学习效果,及时采取相应的补救措施修改、调整认知策略,以确保创客学习的有效性,实现知行创的融合发展。

另一方面,在序列化学习活动模型应用过程中,学生应将学习重

心由"产品生成"向"观点的持续改进"[①] 转变,由"为了知识而学"向"为了理解而学"转变,由知识与产品的消费者向知识与产品的创造者转变。在创客教育实践中,学生应坚持过程导向,关注内容理解程度,对作品的拓展与修改秉持开放与包容的态度,允许"错误"的发生;强化问题意识,提升反思能力,在实践中不断总结学习经验、实践经验;提高其自身学习的主动性,有意识地迁移、应用知识,综合利用多种资源,成为知识与产品的创造者。

四 家长:优化家校共育,支持学生在实践中创新知识

一方面,家长应优化家庭共育,探索序列化学习活动模型在家庭创客教育中的应用。随着创客教育的推广普及,其开展形式也愈发多样,家庭创客教育也应运而生。为了推动学生知行创的融合发展,家长可在家庭中构建良好的创客学习氛围,基于序列化学习活动模型,立足生活背景,利用生活中常见的工具开展创客式教育,鼓励学生进行大胆猜想与实践验证。同时,在劳动教育推广普及的大背景下,家长可基于序列化学习活动模型,探索创客教育与劳动教育的实践,促进学生德智体美劳的全面发展。

另一方面,家长应强化学生的反思意识,促进学生在实践中创新知识。在促进知行创融合发展过程中,学生的总结反思意识与能力至关重要。中学时期,学生正处于形式运算阶段,具有"青春期自我中心"的特征,家长在此过程中应给予学生更大的学习自主权,鼓励与引导学生选择喜欢的方式与路径进行总结反思,立足生活细节培养学生总结反思的意识和习惯,引导学生将抽象的知识具象化、将具象化的知识概括化,如引导学生利用可视化的工具,将知识、作品设计的思路进行可视化呈现等,进而提升学生的创新创造意识、思维与能力。

五 行业:关注学生需求,为模型应用提供多方面保障

一方面,行业应基于学生体验设计个性化的创客学习资源与工具,

[①] 钱旭鸯:《数字时代的创造性学习——创客教育理论》,河北教育出版社2021年版,第218—225页。

为应用序列化学习活动模型,实现知识、行动与创造经验的转化提供支持。行业应依据学生认知和心理发展规律与特点设计功能性强且富有深度与广度的创客学习工具与资源。同时,在满足创客学习资源功能性的基础上,强化工具与资源的"温度",渗透育人理念,使创客工具与资源具有思想性、情感性、生成性等特点。此外,相关行业在设计工具与资源时应同时兼顾其知识性与行动性的平衡,坚持设计的"极简主义"①,以避免工具与资源形式上的多样、功能上的冗余,给学生造成的认知负担,影响序列化学习活动模型的应用效果。

另一方面,在推动序列化学习活动模型"落地"的过程中,行业应协助学校强化创客空间功能的科学分区,设计知识学习区、实践探索区、反思冥想区等不同的空间,支撑学生知识学习、行动实践、创新创造。例如,上海蘑菇创客空间设计了实验室、教育学习区、工作坊、授课区、工作区、休息区、饮食区、技术活动区等,可为学生知行创的融合转化提供环境支撑。

---

① 黎加厚:《极简教育技术在基础教育领域的兴起》,《中国电化教育》2019年第2期。

第八章　研究总结与展望

第一节　研究总结

在反思相关研究的基础上，序列化学习活动模型设计研究识别、确定了中学创客教育中具有代表性的学习活动，利用解释结构模型法构建了中学创客教育中序列化学习活动模型，并对学习活动之间隐含的因果逻辑关系进行了呈现与分析；验证了序列化学习活动模型的层级关系、学习活动要素，并结合师生意见对模型进行了修改完善；基于模型对创客教育案例进行了优化完善，并从学校、教师、家长、学生及行业角度提出了模型的应用建议。在该过程中，本书得出以下结论与成果。

一　识别中学创客教育中代表性的学习活动

在从创客教育知识与行动的关系视角，学生学习经验转化方面，明确中学创客教育中序列化学习活动设计的知行创融合目标后，本书从文献、案例以及实践三个方面识别了中学创客教育中的学习活动，并依据学习活动目标的侧重程度，从知识、行动及创造三个目标维度对学习活动进行了分类，以满足学生在创客教育中知识学习、行动实践能力增长及创造力提升的需要。同时，面对识别出的大量学习活动，本书又通过访谈、问卷等形式，引导专家对学习活动进行筛选、修改与完善，最终明确了中学创客教育中 22 个创客学习活动。

二 构建中学创客教育中序列化学习活动模型

基于解释结构模型法，本书首先利用文献研究法梳理了学习活动之间的"直接顺序"关系，并通过专家问卷和专家会议的形式确定了学习活动之间最终的"直接顺序"关系，形成了学习活动"直接顺序"关系示意图，构建了学习活动的邻接矩阵；基于布尔运算规则，计算形成了学习活动可达矩阵，并构建了循序渐进、环环相扣，符合学生认知逻辑的序列化学习活动模型，以期为教育行政部门评估中学创客教育教学效果提供理论依据，为教师从学生视角设计有效的创客教育教学，促进学生实现知行创的融合发展提供参考。

三 验证中学创客教育中序列化学习活动模型的有效性

面向实践，笔者访谈了一线的创客教师与学生，验证了序列化学习活动模型的有效性，并结合相关意见对模型进行了修改完善。一方面，了解教师对创客教育的理解、教师在实践中开展创客教学的方式以及教师开展创客教育的目标与需求，并向教师展示了不同环节的学习活动序列，引导教师从实践角度判断序列化学习活动模型层级关系的有效性；另一方面，了解不同创客教育形式下学生对创客教育的学习需求，从而验证了序列化学习活动模型中学习活动组成与学习环节设计的有用性。

四 提出中学创客教育中序列化学习活动模型的应用建议

笔者选取了代表性的学习活动案例，基于序列化学习活动模型，从促进学生知行创融合发展角度优化完善了相关案例，并从提升创客教学能力、改进跨学科视域下学生创客大赛、构建序列化学习活动模型应用共同体角度提出了序列化学习活动模型应用的建议。例如，学校应融合多元活动空间，拓展模型的应用场景，多角度调查、反思创客教师教学能力的现状，分阶段开展创客教师教学能力的需求分析；教师应面向创客实践，形成模型应用的循环生态，培养学生的跨学科思维方式，引导学生养成跨学科的学习习惯，形成跨学科的问题解决方案；学生应强化自我反思监控，实现知行创的融合发展；家长应优化家校共育，支持学生在实践中反思和创新知识；行业应关注学生需求，为序列化设计提供保障。

第二节　研究反思

在研究过程中，中学创客教育序列化学习活动模型设计研究也存在一定的薄弱之处。据此，笔者对研究内容、研究思路及应用等方面进行了深入的反思，明确研究存在的薄弱之处。

一　序列化学习活动模型有待在实践中验证

受疫情等不可抗因素的影响，中学创客教育中序列化学习活动模型在识别实践中的学习活动时，选择识别了课堂实录视频中的学习活动，且采用访谈的方式对学习活动模型进行了补充与完善。后续有待在实践中进一步应用序列化学习活动模型，并探究采用何种评价模型来验证学生知行创融合的效果。

二　虚拟空间及混合空间学习活动的关注较为薄弱

由于创客教育正处于发展阶段，且受技术等因素的制约，当下创客教育基本上在实体空间开展，所以笔者在识别创客学习活动过程时，更多地识别实体空间的学习活动，而较少涉及虚拟空间与混合空间的学习活动。随着人工智能时代的到来，有待在序列化学习活动模型中融入虚拟空间与混合空间的学习活动，丰富序列化学习活动模型。

三　学习活动识别及调研对象选取范围有待扩展

在中学创客教育学习活动识别环节，特别是在识别实践中的创客学习活动过程中，本书主要识别了河南省郑州市几所学校的创客学习活动，具有一定的区域局限性，今后将会关注东西部地区的创客学习活动。同时，在筛选学习活动、判断学习活动"直接顺序"关系、序

第八章 研究总结与展望

列化学习活动模型的验证过程中，所访谈的一线教师大多为中部省份的创客教师，且多为信息科技教师兼任的创客教师，调研对象有待进一步拓展。

第三节 研究展望

针对研究存在的薄弱之处，本书结合实践对序列化学习活动模型进行了展望，以期在后续研究中进行补充与完善。

一 强化模型的实践验证，推动学生实现知行创的融合转化

序列化学习活动模型旨在促进学生在实践中实现知行创的融合发展。在今后的研究中，将进一步强化模型的实践应用，在实践中对序列化学习活动模型进行优化与完善，并在实践中探究如何评估学生在创客教育中知行创融合发展的效果。

二 引入对抗解释结构模型法，推动研究的进一步深化

解释结构模型法常用于影响因素的分析，分析因素与因素之间的"直接导致"关系。本书则利用解释结构模型法分析了学习活动与学习活动之间是否存在时空上的递进开展顺序，所以在识别学习活动过程中很难用常规的模型方法去验证序列化学习活动模型的有效性。此外，解释结构模型法主要依赖统计分析，侧重关注要素的因果逻辑，忽视其他逻辑关系，所以可在后续研究中引入对抗解释结构模型法，深化分析中学创客教育中学习活动的逻辑关系，使结果更全面，学习活动的层级关系更具说服力。

三 扩大研究的广度，在更大范围内推广研究成果

一方面，在识别学习活动过程中，今后应适当注重识别虚拟空间和混合空间的学习活动，对序列化学习活动模型做进一步的优化完善。在实践验证过程中，不仅要关注实体空间中序列化学习活动的实践与应用，也要关注虚拟空间以及混合空间序列化学习活动的实践与应用。

另一方面,相关结论仅在少数省份进行验证,后续有待联系其他更多省份的专家、教师开展调研;研究结论主要聚焦于中学学段,探究学习活动之间隐含的逻辑关系,今后有待扩大研究对象的范围,提升研究成果的应用范围。

附　　录

附录一　相关文献中教育机器人主题的创客学习活动识别

序号	学习活动	文献名称
1	创设情景、简单模仿、形成创意、分工合作、讨论交流、知识学习、动手操作、完成作品、课堂分享、课后分享、个人评价、小组评价、教师评价	面向创客教育的初中机器人教学研究
2	情景引入、项目构思、原型设计、分享交流、反思归纳	创客教育视角下机器人教学模式的构建与行动研究
3	创设情境，引出问题；根据情况，灵活分组；小组讨论，给出创意；汇集创意，讲解要点；动手操作，实现创意；作品展示，分享交流；成果评价，反思改进；教学反思，总结经验	创客课程的项目化教学设计研究——以W中学"创新零起点"校本课程为例
4	情境再现，确定问题；明确目标，制定方案；知识铺垫，确定思路；动手实践，造物制作；展示交流，优化改进；多元评价，拓展创新	初中校本创客课程群的设计开发与教学实践研究
5	主题学习、应用体验、创意酝酿、项目生成、方案设计、作品实现、测试优化、评价总结、AI思辨	教育理念下初中人工智能课程教学模式设计研究
6	创设情景、课前自主学习任务、配套学习资源、扩展任务、创新激发、小组合作、作品分享、多元化评价反思、相互交流、总结反思、完善作品	基于创新思维培养的中学创客教育教学模式研究
7	感知情境，明确目标；参与讨论，解决问题；感悟新知，操作练习；研读资料，讨论方案；小组分工，协作实施；小组交流，反思回顾；选定项目，设计方案；发现问题，解决问题；项目实施，完成项目；项目展示，成果分享；交流互动，吸取建议；组间互评，组内互评	面向创客教育的中小学机器人教学研究

附录二 相关文献中信息技术创客学习活动的识别

序号	学习活动	文献名称
1	积极评价，归纳反思；作品分享；合作研究；创新引导	创客教育理念下初中生创新思维能力培养的教学设计研究——以初中信息技术教学为例
2	创意、设计、制作、分享、评价	"五步创客教学法"在初中信息技术教学中的应用研究
3	新知学习（兴趣激发、模仿练习、难点突破），设计创作（创意构想、作品创作、分享交流），总结提升	基于创客教育的初中信息技术教学模式的研究
4	创设情境、获得注意、呈现任务、明确任务、任务引导、操作任务、创意引导、创意构想、归纳总结、分享展示、教学评价	基于创客教育理念的任务驱动教学设计与实践研究——以初中《信息技术》课程为例
5	创设情境，启发思考；简单任务模仿；知识点讲解、记忆；自主探究；拓展任务；创新激发、作品分享，交流评价；总结提高	创客背景下探究式教学模式在中学信息技术课程中的研究与应用
6	情境故事引入、简单任务模仿、知识要点详解、拓展任务模仿、创新激发引导、协同任务完成、成功作品分享、作品总结评价	创客教学法在初中信息技术教学中的应用研究
7	创意构想，设计路径；探究协作，迭代升华；动手实践，形成作品；分享完善，反思迁移	创客式教学在初中信息技术课程中的应用研究
8	进入情境，简单模仿；自主思考，接受任务；创意构思，迭代设计；动手实践，形成产品；分享作品，反思迁移	基于创客教育的初中信息技术课程教学设计与实践
9	创设情景，引出课题；布置任务，灵活分组；小组讨论，汇集创意；根据需求，搜集素材；动手操作，巡视指导；展示作品，交流分享；评价成果，再次讨论；反思改进，完善作品	创客教育理念在初中信息技术课堂教学中的应用研究
10	观察案例，探究分析；模仿案例，创意构思；合作交流，激发创新；创意实现，作品分享	创客理念及其方法在初中信息技术教学中的应用研究

序号	学习活动	文献名称
11	学习基础知识、讨论提出创意、项目可行性分析、项目分工与计划、初步完成作品、修改完善作品、小组展示点评、互改并提建议	创客教育理念下初中生审辨思维培养的教学模式设计与实践——以信息技术课程为例

附录三 教育及教学模式中综合类创客学习活动的文献识别

序号	主要学习活动	文献名称
1	创设情境、激活原有知识、同伴协商、教师引导、确定讲演内容、创意想法、教师演示、创意作品、制定评价标准、演示问题的创新、生活问题的创新、小组讨论、教师引导、确立项目、构思实践方案、最优化方案、编写设计程序、构建物理模型、程序模型测试、项目成果展示、项目成果评价	一种整合创客和STEM的教学模型建构研究
2	知识学习、创意构想、方案设计、实物制作、撰写报告	创客式教学：面向核心素养培养的STEAM课程教学新范式
3	创设情境、确定主题、创意构想、迭代设计、作品创作、发布分享、评价反思、即时/异步讨论	网络空间支持的中小学创客教学模式研究
4	教学导入、小组讨论、新知学习、多元评价	创客理念指导下的初中英语写作教学策略研究
5	创意构思、设计制作、发布分享、评价再生、众筹上市	基于课程融合的创客教学设计与应用模型研究
6	了解评价量规、自主查找学习资源、明晰探究任务、迭代完善、分享交流、分析设计、评价反思、成果创作	基于关联主义学习理论的创客教学模式研究
7	具身体验、概念建构、测试、问题解决、创新实践	文化回应教育理念下的创客教学模式建构
8	情境启发、创意引领；实践操作、落实创意	基于创客思维的信息技术课堂教学模式探索与实践

续表

序号	主要学习活动	文献名称
9	情境问题、知识建构、设计方案、造物制作、测试分析、优化迭代、拓展创新	人工智能教学中"知识建构、STEM、创客"三位一体教学模型的设计与应用
10	情怀故事引入、简单任务模仿、知识要点讲解、扩展任务模仿、创新激发引导、协同任务完成、成功作品分享	基于"中国创造"的创客教育支持生态研究
11	同理心、需求定义、创意构想、原型构建、测试评估、成果发布	基于设计思维的创客教育模式

附录四　学习模式及流程中综合类创客学习活动的文献识别

序号	主要学习活动	文献名称
1	发现问题、头脑风暴、设计方案、动手制作、测试优化、作品分享	基于项目学习的初中创客教育校本课程实践研究
2	探究（明确任务、设计探究、分析结果、交流分享、评价分析、修正完善），设计（设计方案、展示分享、评价分析、原型制作、实践检验、成果完善），反思（学习展示、评价分析、改进结论、再次行动）	面向创客教育的设计型学习研究：模式与案例
3	创设情境、展现任务、自主学习、提供支架、活动测试、合作探究、作品竞赛、活动评估	"互联网+"视域下的创客教育2.0与智慧学习活动研究
4	调查研究（澄清疑问；展示/分享，小组讨论；分析结果；产品调查；设计调研；建立假设）设计/再设计（理解挑战；展示/分享，作品呈现；分析/解释；建构/测试；展示/分享，巩固/讨论；规划设计，运用科学）	设计型学习：学校创客教育实践模式新探
5	自主选题、调查研究、创意构思、设计优化、原型制作、迭代测试、评价分析	创客学习：一种创造有意义学习经历的学习范式

续表

序号	主要学习活动	文献名称
6	创设情境、生成项目、合作讲解、学生模仿、确定评价标准、协作创造、产生锥形交流、上传学习资源、深入创作、问题解决、学习反馈、成果展示与评价	培养学生创新能力：基于项目学习理论的创客课程设计研究
7	布置学习任务、制定目标、制定评价标准、任务实施、作品展示和学习主题扩展	创客空间支持下的学习模式研究
8	探索（学生探索、交流分享、教师讲评），实践（生成设计方案、实施与验证、分享与讨论、修正与完善）	利用失败的创客学习活动设计——一项探索性研究
9	知识建构、选题调研、创意构思、设计优化、原型制作、成果分享、众筹融资、生产上市	基于创客项目的学习模式探究
10	创客学习者自我认识、选择微视频内容、进行创造创新实践、作品成果展示交流、创客学习总结	"互联网+"环境下微视频实现创客学习研究
11	收集信息、获取知识、探讨方案、同伴协作、动手实践	中小学创客教育的项目式学习活动设计探究
12	同理心、需要、创想、快速原型、测试	全视角学习视野下的学校创客活动设计
13	创客项目分解、设置作品竞赛、提供调查支架；设计思维应用、正反例对比、微型讲座；提供作品范例、同理心应用、SWOT分析、观察记录支架；优秀案例分析、情景故事法、提供反思支架。组建小组、合作调查、阐释分享；世界咖啡、作品快速建模、阐释分享；角色扮演、互问互疑、阐释分享；作品迭代设计、组内反思、作品展览会	面向问题解决能力的创客学习应用框架研究——基于四轮迭代实验和准实验的分析

附录五 相关案例中创意电子主题的创客学习活动识别

序号	案例名称	学习活动	案例设计者/来源
1	Scratch for Arduino "智能小车" 制作	创设情境，激发兴趣，导入任务 师生交流，分析任务，发现问题 自主探索，合作学习，解决任务 提示重点，辅助解疑，提升任务 检查结果，效果评价，总结经验	鲍通 江苏省苏州市平江实验学校
2	Arduino 行人过街	确定项目主题、项目需求分析、设计项目方案、实施项目方案、项目展示与评价	伦博 广东省中山市西区初级中学
3	基于问题导学的创客教育	科学分组、编制导学案、学生活动、展示与质疑、评价与总结、	刘全 广东省湛江一中培才学校
4	基于 Arduino 测量的 "姆潘巴现象"	材料准备、代码编写、测试效果、知识拓展	李守良等 浙江省温州中学
5	用 Micro：bit 和造物粒子设计触摸钢琴	原理分析、原型设计、编程控制、效果展示、小结	薛金等 上海师范大学
6	用 Micro：bit 探究光源频闪问题	问题分析、代码编写、获取数据、分析数据、探究案例的拓展、实验总结	谢作如等 浙江省温州中学
7	Mixly 开源项目设计 30：会看门的米思狗——开启米思狗创客之路（二）	材料和数据准备、程序和原理解密、情境检验、深入思考	李文俊 山东省青岛西海岸新区王台初级中学
8	Mixly 开源项目设计 17：太阳会闪烁吗？	电路连接、情境呈现、原理揭秘、成果拓展	吴俊杰 北京景山学校
9	Mixly 系统设计：一分钟惊喜灯	制作、改装、玩转、分享	吴俊杰 北京景山学校

续表

序号	案例名称	学习活动	案例设计者/来源
10	让掌控板和 Scratch 无缝连接	分析规划、代码编写、功能测试、应用拓展	谢作如等 浙江省温州中学
11	掌控板结合 APP Inventor 2 玩转物联网	技术分析、功能测试、应用拓展	谢作如等 浙江省温州中学
12	用物联网技术"治愈"关门强迫症	硬件准备、物联网配置、Micro:bit 代码编写、实验测试、思考与总结	谢作如等 浙江省温州中学
13	创客产品:劳动教育也智能——"出力流汗"的物联网锤子	产品原型、程序实现、效果改进	吴俊杰等 北京师范大学
14	用 Home Assistant 搭建个性化智能家居系统	HASS 的工作原理分析、基于 HASS 的智能家居系统实现、控制程序的编写和测试	谢作如等 浙江省温州中学
15	家庭智造:抢答器的设计与制作	作品原型、外观设计、产品制作	吴俊杰 北京景山学校
16	用 S4A 体验智能家居技术	材料清单、连接说明、参考脚本	谢作如 浙江省温州中学
17	智能家居:实现照明系统的个性化	原理分析、环境配置、设备安装、编程测试、创意拓展	谢作如等 浙江省温州中学
18	基于单元整体设计的初中创客教学实践研究——以"智能创意灯"教学为例	情境导入,引入主题;讲授新知,合作探究;整体设计分析,编写程序,功能优化;交流分析,总结提升	孙苗 江苏省南京市金陵中学仙林分校中学部
19	面向高阶思维能力培养的创客教学设计与应用——以"运动传感器+组合发明"为例	提出问题,明确任务;猜想假设,实验探究;交流评价,解决问题,总结反思,拓展应用	魏凯 广东省深圳市宝安区海旺学校

续表

序号	案例名称	学习活动	案例设计者/来源
20	测一测你的睡眠质量	材料选择、工作原理分析、算法优化、睡眠指数的实现、程序编写、作品原型	谢作如等 浙江省温州中学
21	可触发拍照的"电子眼"	触发拍照的条件分析、作品原理分析、电脑端的摄像头编程、Arduino端的触发器制作、效果测试和优化	谢作如 浙江省温州中学
22	设计一个定时闹钟	器材和原理、建模和编程、作品测试、拓展提升	谢作如等 浙江省温州中学
23	做一个二路抢答器	逻辑分析、模块搭建、拓展研究、外观美化	谢作如等 浙江省温州中学
24	让激光射灯也"智能"起来	实现激光射灯感知功能的可行性分析、激光射灯的改造过程、激光射灯的安装	邱奕盛等 上海人工智能实验室
25	基于步进电机的MIDI播放器	原理分析、用 Arduino 处理 MIDI、硬件搭建	谢作如等 浙江省温州中学
26	做一个会"变脸"的小宠物	器材和原理、绘制脸谱、实现变脸、拓展升级	龚莹瑜等 温州大学
27	精彩的互动媒体世界——"认识互动媒体技术"教学案例	视频展示，引入新课；教学新课；学生活动；作品评价；课堂总结；布置作业	谢作如 浙江省温州中学
28	智能音乐盒	目标明确、情境感知、问题思考、知识学习、自主选题、项目规划、思维导图、方案交流、功能分析、准备材料、连接组件、编写程序、程序测试、美化外观、学习反思、作品拓展、撰写报告、成果交流、活动评价、自我总结	黄国洪等 肇庆市教师发展中心
29	用数学知识设计一个镂空的花瓶	创意分析、数学分析、编程实现、拓展升级	郑祥等 浙江省温州市第四中学
30	设计一个简单的密码锁	功能分析、拓展研究、外观美化、背后的数学知识	谢作如等 浙江省温州中学

续表

序号	案例名称	学习活动	案例设计者/来源
31	"用安卓手机控制开源硬件"教学设计	激发兴趣、导入新课；讲解新知、探知原理；实验操作、验证原理；头脑风暴、开发项目；作品展示、心得分享	郑祥等 浙江省温州市第四中学
32	速度的测量	视频展示、问题思考、知识学习、活动体验、明确任务、选择测量硬件、制作装置外形、编写系统代码、调试测速装置、成果展示、论文撰写、开源分享	谢作如等 浙江省温州中学

附录六 中学创客教育中学习活动的初始框架表

目标维度	学习活动及其内涵
知识	课前预习：在课前所做的知识、工具及资源准备
	需求分析：依据学情，从学生视角确定授课内容、主题以及形式
	情境感知：营造良好的创客学习情境，激发学生学习的兴趣
	知识回顾：引导学生回顾相关知识，强化新旧知识之间的关联性
	阅读观察：学生阅读相关内容，观察了解相关知识
	资源查找：学生利用网络等多种方式，搜集查找所需的信息或材料
	元件认识：引导学生了解相关创客工具、设备特点、操作步骤及使用方法
	原理分析：引导学生分析了解创客作品背后设计与制作的原理
	量规确定：引导学生通过讨论的方式确定学习评价量规，实现以评促学的目的
	质疑澄清：学生针对学习过程中遇到的问题提出疑问，教师对此进行解答
	作业布置：在学习结束后，布置相应的拓展作业，帮助学生巩固知识
	问题思考：引导学生阅读相关材料并对相关问题进行思考
	总结反思：引导学生反思学习过程，总结学习经验
	样例展示：教师将作品范例呈现给学生，引导学生以范例为参考开展探究
	样例分析：分析样例的特点、构成以及实现原理
	模仿练习：引导学生熟练使用工具，模仿制作初步的创客作品

续表

目标维度	学习活动及其内涵
行动	现状调研：利用实地考察、信息搜集等多重方式了解作品设计情况
	自主选题：围绕教学内容，学生结合兴趣确定作品设计的类型、方向及内容
	制订计划：学生通过交流的方式制定包含学习目标、进度等的学习规划
	任务分工：根据自身需求与特长，小组同学进行角色和任务的分工
	预设方案：依据构想拟定形成初步的作品设计方案
	方案优化：结合意见，对预设方案进行修改与完善
	可行性评估：从理论与实践层面评估方案的可行程度
	辅助引导：在学生知识学习、造物与构思过程中发挥教学支架作用指导学生
	资源配置：为作品的设计与制作配置基础的资源与环境
	原型设计：引导学生通过合作的方式开展实践探究，制作初步的创客作品
	外观美化：学生对制作形成的原型作品进行外观层面的优化
	效果测试：学生将制作形成的作品进行测试运行
	迭代优化：引导学生将创客作品模拟运行，并不断修改完善
	交流分享：引导学生在创客教育中沟通交流，分享观点
	作品展示：学生以多元化的方式分享展示制作形成的创客作品
	评价反馈：对学生的作品、知识掌握情况、合作能力等进行评价
创造	头脑风暴：学生之间针对设计进行无限制的自由联想和讨论
	想法聚类：学生将头脑风暴形成的观点与灵感进行归类、总结与界定
	作品创新：在原有作品基础上，引导学生对创客作品进行突破与创新
	作品推广：将制作形成的创客作品在更大范围内推广应用
	创意构思：学生进行头脑风暴，激发灵感，找寻作品设计的想法与思路

附录七　中学创客教育中学习活动选择的专家访谈提纲

非常感谢您接受我的访谈！我想请您就以下几个方面谈一谈您对"中学创客教育中序列化学习活动模型设计研究"中所识别出的学习活动的看法。由于研究需要，我需要对访谈过程进行记录，希望您能理解。谢谢您的帮助与配合!

1. 知识、行动、创新三个目标维度的划分是否合理?是否有待调整之处?

2. 在知识目标维度,您认为有哪些创客学习活动需要删除、合并与增加?

3. 在行动目标维度,您认为有哪些创客学习活动需要删除、合并与增加?

4. 在行动目标维度,您认为有哪些创客学习活动需要删除、合并与增加?

5. 对于中学创客教育中识别出的学习活动,您是否还有其他的改进建议?

附录八 中学创客教育中学习活动选择的专家咨询问卷

尊敬的老师:

您好!针对创客教育实践中存在的"学习活动设计同质化""学习活动设计数量单一""学习活动设计割裂化"等问题,中学创客教育中序列化学习活动模型研究旨在识别、筛选出有针对性、代表性、实践性的学习活动,并基于筛选结果,利用科学的方法构建出循序渐进、环环相扣的序列化学习活动模型,为教师设计创客教学,提高教学有效性提供参考。

问卷中所呈现的选项是从文献、案例以及课堂实录中筛选出的学习活动,并从知识、行动、创造三个维度对其进行了分类,接下来恳请您从实践角度对学习活动做进一步的补充、修改与完善,提出您的宝贵意见,从而为构建科学有效的创客教学流程提供参考。

（一）中学创客教育中序列化学习活动的评价（请在相应选项打"√"）

目标维度	学习活动	必要	建议修改	建议删除
知识	课前预习：在课前所做的知识、工具及资源准备			
	修改意见：			
	学情分析：依据学情，从学生视角确定授课内容、主题以及形式			
	修改意见：			
	知识回顾：学生回顾相关知识，强化新旧知识之间的关联性			
	修改意见：			
	阅读思考：引导学生阅读相关材料并对相关问题进行思考			
	修改意见：			
	元件认识：引导学生了解创客工具的特点、操作步骤及使用方法			
	修改意见：			
	原理分析：引导学生分析了解创客作品背后设计与制作的原理			
	修改意见：			
	量规确定：探究活动开展前引导学生确定学习评价的量规			
	修改意见：			
	学习评价：对学生的作品、知识掌握情况、合作能力等进行评价			
	修改意见：			
	作业布置：在学习结束后，布置相应的任务，帮助学生巩固知识			
	修改意见：			
	模仿练习：引导学生熟练使用工具，模仿制作初步的创客作品			
	修改意见：			

续表

目标维度	学习活动	必要	建议修改	建议删除
行动	范例展示：将范例呈现给学生，引导其以范例为参考开展探究			
	修改意见：			
	选题调研：学生结合兴趣确定作品设计的类型、方向及内容			
	修改意见：			
	计划分工：根据自身需求与特长，小组同学进行角色任务的分工			
	修改意见：			
	方案设计：分析作品的功能、构造思路等，并形成体系化的方案			
	修改意见：			
	协同创作：引导学生开展实践探究，制作创客作品			
	修改意见：			
	测试优化：引导学生将创客作品模拟运行，并不断修改完善			
	修改意见：			
	交流分享：引导学生在创客教育中沟通交流，分享观点			
	修改意见：			
	成果展示：学生以多元化的方式分享展示制作形成的创客作品			
	修改意见：			
创造	情境感知：营造良好的创客学习情境，激发学生学习的兴趣			
	修改意见：			
	创意构思：学生头脑风暴，激发灵感，找寻作品设计的思路			
	修改意见：			
	作品创新：在原有作品基础上，引导学生对作品进行突破与创新			

续表

目标维度	学习活动	必要	建议修改	建议删除
创造	修改意见： 成果推广：将制作形成的创客作品在更大范围内推广应用			
	修改意见： 批判质疑：学生针对疑惑问题提出疑问，教师对此进行解答			
	修改意见： 总结反思：引导学生反思学习过程，总结学习经验			

（二）若您对《中学创客教育中序列化学习活动模型研究》有其他的宝贵意见，敬请您提供：

（三）您对咨询内容进行评判的判断依据及依据程度，请您根据实际情况，在相应的空格内打"√"。

1. 您对咨询内容进行评判的判断依据及依据程度：

判断依据	判断依据程度		
	大	中	小
从事创客教学的实践经验			
基于对创客教育研究的理论分析			
参考国内外创客教育相关文献资料			
专家自我直觉			

2. 咨询内容熟悉程度调查：

调查内容	程度				
	很熟悉	熟悉	一般	不熟悉	很不熟悉
您对本次咨询内容的熟悉程度是					

附录九 中学创客教育中学习活动直接顺序文献分析后的邻接矩阵

横向维度 纵向维度	S1 自主 预习	S2 需求 分析	S3 知识 回顾	S4 元件 认识	S5 原理 分析	S6 学习 评价	S7 拓展 练习	S8 模仿 练习	S9 范例 展示	S10 选题 调研	S11 计划 分工	S12 方案 设计	S13 协同 创作	S14 测试 优化	S15 交流 分享	S16 创意 展示	S17 情境 感知	S18 创意 构思	S19 作品 创新	S20 成果 推广	S21 批判 质疑	S22 总结 反思
S1 自主预习	/																					
S2 需求分析	1	/																				
S3 知识回顾			/	1																		1
S4 元件认识				/	1																	
S5 原理分析				1	/																	
S6 学习评价						/											1					
S7 拓展练习							/											1				
S8 模仿练习				1				/										1	1			
S9 范例展示							1	1	/										1	1		
S10 选题调研										/	1	1										
S11 计划分工											/	1	1									
S12 方案设计												/	/		1	1						
S13 协同创作													/	1	1							

续表

纵向维度\横向维度	S1 自主预习	S2 需求分析	S3 知识回顾	S4 元件认识	S5 原理分析	S6 学习评价	S7 拓展练习	S8 模仿练习	S9 范例展示	S10 选题调研	S11 计划分工	S12 方案设计	S13 协同创作	S14 测试优化	S15 交流分享	S16 创意展示	S17 情境感知	S18 创意构思	S19 作品创新	S20 成果推广	S21 批判质疑	S22 总结反思
S14 测试优化						1								/								
S15 交流分享						1								1	/							1
S16 创意展示						1									1	/						
S17 情境感知			1						1								/					1
S18 创意构思										1	1	1						/				
S19 作品创新																			/	1		1
S20 成果推广																				/	1	
S21 批判质疑																1					/	1
S22 总结反思																						/

附录十 中学创客教育中学习活动直接顺序专家判断问卷

尊敬的老师：

您好！非常感谢您在百忙之中填写本问卷！本研究通过判断学习活动之间的"直接顺序"关系，在此基础上利用科学的方法构建出循序渐进、环环相扣的序列化学习活动模型，为教师设计创客教学，提高教学有效性提供参考。请您依据表 J-1 中学创客教育中学习活动的内涵及您对学习活动的理解，对学习活动之间的"直接顺序"关系做出您的专业判断。

表 J-1　　　　　　　　中学创客教育中学习活动的内涵

目标维度	中学创客教育中学习活动的内涵
知识	自主预习：在课前所做的知识、工具及资源准备
	需求分析：依据学情，从学生视角确定授课内容、主题以及形式
	知识回顾：学生回顾相关知识，强化新旧知识之间的关联性
	元件认识：引导学生了解相关创客工具及设备的特点、操作步骤及使用方法
	原理分析：引导学生分析了解创客作品设计与制作背后的原理
	学习评价：对学生的作品、知识掌握情况、合作能力等多方面进行评价
	拓展练习：在学习结束后，布置相应的学习任务，帮助学生巩固知识
	模仿练习：引导学生熟练使用工具，引导学生模仿制作初步的创客作品
行动	范例展示：教师将作品范例呈现给学生，引导学生以范例为参考开展探究
	选题调研：围绕教学内容，学生结合兴趣确定作品设计的类型、方向及内容
	计划分工：根据自身需求与特长，小组同学进行角色和任务的分工
	方案设计：分析作品构造思路、所需达成的功能等，并形成体系化的方案
	协同创作：引导学生通过合作的方式开展实践探究，制作创客作品
	测试优化：引导学生将创客作品模拟运行，并不断修改完善
	交流分享：引导学生在创客教育中沟通交流，分享观点
	创意展示：学生以多元化的方式分享展示自己制作形成的创客作品
创造	情境感知：营造良好的创客学习情境，激发学生的学习兴趣
	创意构思：学生进行头脑风暴，激发灵感，找寻作品设计的想法与思路
	作品创新：在原有作品基础上，引导学生对创客作品进行突破与创新
	成果推广：将制作形成的创客作品在更大范围内推广"应用"
	批判质疑：学生针对学习过程中遇到的问题提出疑问，教师对此进行解答
	总结反思：引导学生反思学习过程，总结学习经验

纵向维度＼横向维度	S1 自主预习	S2 需求分析	S3 知识回顾	S4 元件认识	S5 原理分析	S6 学习评价	S7 拓展练习	S8 模仿练习	S9 范例展示	S10 选题调研	S11 计划分工	S12 方案设计	S13 协同创作	S14 测试优化	S15 交流分享	S16 创意展示	S17 情境感知	S18 创意构思	S19 作品创新	S20 成果推广	S21 批判质疑	S22 总结反思
S1 自主预习	✓																					
S2 需求分析		✓																				
S3 知识回顾			✓																			
S4 元件认识				✓																		
S5 原理分析					✓																	
S6 学习评价						✓																
S7 拓展练习							✓															
S8 模仿练习								✓														
S9 范例展示									✓													
S10 选题调研										✓												
S11 计划分工											✓											
S12 方案设计												✓										
S13 协同创作													✓									
S14 测试优化														✓								
S15 交流分享															✓							
S16 创意展示																✓						
S17 情境感知																	✓					
S18 创意构思																		✓				

附　录

续表

纵向维度＼横向维度	S1 自主预习	S2 需求分析	S3 知识回顾	S4 元件认识	S5 原理分析	S6 学习评价	S7 拓展练习	S8 模仿练习	S9 范例展示	S10 选题调研	S11 计划分工	S12 方案设计	S13 协同创作	S14 测试优化	S15 交流分享	S16 创意展示	S17 情境感知	S18 创意构思	S19 作品创新	S20 成果推广	S21 批判质疑	S22 总结反思
S19 作品创新																			/			
S20 成果推广																				/		
S21 批判质疑																					/	
S22 总结反思																						/

（一）中学创客教育中序列化学习活动"直接顺序"判断

如果您认为表格横向维度的学习活动开展结束后，将紧接着开展纵向维度的学习活动（间接顺序关系忽略不计），请在该行和该列交叉处对应的空格中填写"1"。如果您有任何疑问和建议，请您随问卷反馈给我们，再次感谢您的帮助！

（二）您对咨询内容进行评判的判断依据及依据程度，请您根据实际情况，在相应的空格内打"√"。

1. 您对咨询内容进行评判的判断依据及依据程度：

判断依据	判断依据程度		
	大	中	小
从事创客教学的实践经验			
基于对创客教育研究的理论分析			
参考国内外创客教育相关文献资料			
专家自我直觉			

2. 咨询内容熟悉程度调查：

调查内容	程度				
	很熟悉	熟悉	一般	不熟悉	很不熟悉
您对本次咨询内容的熟悉程度是					

附录十一 中学创客教育中学习活动关系示意图

目标维度	学习活动	示意图
知识	S1 自主预习	S1 S2
	S2 需求分析	S2
	S3 知识回顾	S3 S17

续表

目标维度	学习活动	示意图
知识	S4 元件认识	S4 → S3, S9
知识	S5 原理分析	S5 → S3, S9
知识	S6 学习评价	S6 → S14, S15, S16, S21
知识	S7 拓展练习	S7 → S15, S16, S21
知识	S8 模仿练习	S8 → S9, S11
知识	S9 范例展示	S9 → S17
行动	S10 选题调研	S10 → S8, S18
行动	S11 计划分工	S11 → S9, S10, S18
行动	S12 方案设计	S12 → S8, S9, S10, S11, S18
行动	S13 协同创作	S13 → S4, S5, S8, S12
行动	S14 测试优化	S14 → S13, S15, S21
行动	S15 交流分享	S15 → S13, S16

续表

目标维度	学习活动	示意图
行动	S16 创意展示	S16 → S13, S14
创造	S17 情境感知	S17 → S1
创造	S18 创意构思	S18 → S4, S5
创造	S19 作品创新	S19 → S6, S7
创造	S20 成果推广	S20 → S7, S14, S19
创造	S21 批判质疑	S21 → S6, S16
创造	S22 总结反思	S22 → S6, S15, S19, S21

附录十二　中学创客教育中序列化学习活动模型教师访谈提纲

访谈时间：_____　　　　访谈地点：_____

1. 您认为中学创客教育的特点是什么？创客教育与传统的分科教学有何不同？中学创客教育应达成何种教学/学习目标？

2. 立足于中学创客教育实践，您认为开展创客教育教学/学习首先需要开展哪些学习活动？您认为创客教育开展前的学习准备活动是否有必要？又需要做哪些学习准备？

3. 在创造知识学习环节，您认为哪些学习活动十分关键？能否举例说明？您认为"情境感知""知识回顾""范例展示""元件认识"

"原理分析"这些学习活动应以何种顺序开展？模型中的学习活动序列是否合理？

4. 在创意设计环节，您认为哪些学习活动十分关键？能否举例说明？您认为"模仿练习""创意构思""选题调研""方案设计""计划分工"这些学习活动应以何种顺序开展？模型中的学习活动序列是否合理？

5. 在创意造物环节，您认为哪些学习活动更为重要？能否举例说明？"协同创造""测试优化""交流分享""成果展示""批判质疑""多元评价"这些学习活动应以何种顺序开展？模型中的学习活动序列是否合理？

6. 在创意拓展环节，您认为哪些学习活动更为重要？能否举例说明？"总结反思""成果推广""巩固练习""作品创新"这些学习活动应以何种顺序开展？模型中的学习活动序列是否合理？

7. 您认为中学创客教育中序列化学习活动模型的实际意义在哪里？您认为还有哪些方面有待提升？

附录十三　中学创客教育中序列化学习活动模型学生访谈提纲

访谈时间：_____　　访谈地点：_____

1. 你理想中的创客教育应该是什么样的？你期待在创客教育中获得什么？

2. 在知识学习方面，你对哪些学习活动十分感兴趣？哪些学习活动让你收获较大？

3. 在行动实践方面，你对哪些学习活动十分感兴趣？哪些学习活动让你收获较大？

4. 在创新创造方面，你对哪些学习活动十分感兴趣？哪些学习活动让你收获较大？

5. 你对创客教育还有哪些建议？

参考文献

一 中文文献

（一）著作类

陈琦、刘儒德主编：《当代教育心理学》（第2版），北京师范大学出版集团、北京师范大学出版社2007年版。

胡永跃主编：《创意呈现》，清华大学出版社2020年版。

胡永跃主编：《电脑创作》，清华大学出版社2020年版。

梁森山主编：《中国创客教育蓝皮书（基础教育版）》，人民邮电出版社2016年版。

钱旭鸯：《数字时代的创造性学习——创客教育理论》，河北教育出版社2021年版。

沈霄凤、范云欢编著：《教育信息处理应用》，华东师范大学出版社2012年版。

谢作如、刘正云、张敬云：《数字时代的创造性学习——创客教育实践》，河北教育出版社2021年版。

杨开城：《以学习活动为中心的教学设计理论——教学设计理论的新探索》，电子工业出版社2005年版。

钟志贤：《信息化教学模式》，教育科学出版社2005年版。

[美] 道格·约翰逊：《从课堂开始的创客教育：培养每一位学生的创造能力》，彭相珍译，中国青年出版社2016年版。

[美] 克里斯·安德森：《创客：新工业革命》，萧潇译，中信出版社2012年版。

[美] 玛格丽特·赫尼、大卫·E. 坎特：《设计·制作·游戏培养下一

代 STEM 创新者》，赵中建、张悦颖译，上海科技教育出版社 2015年版。

[美] 约翰·杜威：《确定性的寻求》，傅统先译，上海人民出版社 2005年版。

[美] 约翰·杜威：《学校与社会·明日之学校》，赵祥麟、任钟印、吴志宏译，人民教育出版社 2005 年版。

[美] 约翰·杜威：《哲学的改造》，许崇清译，商务印书馆 2017 年版。

  （二）期刊类

[美] 埃德加·戴尔：《经验之塔》（上），章伟民译，《外语电化教学》1985 年第 1 期。

白倩、冯友梅、沈书生等：《重识与重估：皮亚杰发生建构论及其视野中的学习理论》，《华东师范大学学报》（教育科学版）2020 年第 3 期。

蔡建东、杨小锋：《以"问题—方法"路径推进基础教育信息化转型升级——基于学校的立场》，《中国教育学刊》2021 年第 11 期。

曹玲玲：《培养"创客"——从科技创新大赛出发》，《科学大众》（科学教育）2015 年第 9 期。

曹培杰：《反思与重建：创客教育的实践路径》，《教育研究》2017 年第 10 期。

陈琳、陈耀华、李康康等：《智慧教育核心的智慧型课程开发》，《现代远程教育研究》2016 年第 1 期。

陈琳、陈耀华、文燕银等：《教育何以促进知行创合一》，《中国电化教育》2021 年第 9 期。

陈鹏：《创客学习：一种创造有意义学习经历的学习范式》，《现代远程教育研究》2016 年第 6 期。

陈鹏：《基于创客项目的学习模式探究》，《现代教育技术》2016 年第 11 期。

陈荣、陈增照、王世娟：《创客教育的思想流变与实践进路——兼论"创中学"对"做中学"和"发现学习"的超越》，《现代远程教育研究》2020 年第 6 期。

陈祥：《"经验之塔"不是学习的程序（学习札记）》，《外语电化教学》1986年第1期。

陈永霖、金伟琼：《中美高校创客教育比较研究》，《高等工程教育研究》2017年第1期。

董黎明、焦宝聪：《基于课程融合的"创客"教学设计与应用模型研究》，《中国电化教育》2018年第3期。

樊泽恒：《提升大学教师教学能力的技术选择及策略》，《高等教育研究》2009年第8期。

方旭东：《意向与行动——王阳明"知行合一"说的哲学阐释》，《社会科学》2012年第5期。

冯友梅、颜士刚、李艺：《从知识到素养：聚焦知识的整体人培养何以可能》，《电化教育研究》2021年第2期。

[瑞士] 弗内歇：《皮亚杰错了吗？》，熊哲宏译，《华东师范大学学报》（教育科学版）2000年第3期。

傅骞、王辞晓：《当创客遇上STEAM教育》，《现代教育技术》2014年第10期。

郭静、王佑镁、张乐：《全视角学习视野下的学校创客活动设计》，《现代远程教育研究》2018年第5期。

何克抗：《论创客教育与创新教育》，《教育研究》2016年第4期。

何克抗：《深度学习：网络时代学习方式的变革》，《教育研究》2018年第5期。

何亮：《"八个相统一"视域下思政活动序列化教学策略》，《中学政治教学参考》2020年第23期。

何阅雄、蒋云良、马志和等：《教学型高校青年教师教学能力"三阶段四协同"发展模式的探索》，《高等工程教育研究》2013年第6期。

贺敬良、赵华：《以赛促学——大学生实践创新能力培养的新路径》，《教育教学论坛》2015年第51期。

侯怀银、李艳莉：《"教学做合一"述评》，《课程·教材·教法》2013年第8期。

黄利华、包雪、王佑镁等：《设计型学习：学校创客教育实践模式新探》，《中国电化教育》2016 年第 11 期。

姜艳玲、古岱月：《"互联网+"环境下微视频实现创客学习研究》，《中国电化教育》2016 年第 6 期。

李华、杨永其、谭明杰：《"创客教育"解读》，《四川师范大学学报》（社会科学版）2016 年第 5 期。

李琳、赵慧臣：《知行创融合的创客教育学习活动序列化设计》，《开放教育研究》2023 年第 1 期。

李彤彤：《创客式教学：面向核心素养培养的 STEAM 课程教学新范式》，《中国电化教育》2018 年第 9 期。

李彤彤、王志军、邹蕊等：《创客教师专业素质结构研究》，《中国电化教育》2017 年第 6 期。

李艺、冯友梅：《支持素养教育的"全人发展"教育目标描述模型设计——基于皮亚杰发生认识论哲学内核的演绎》，《电化教育研究》2018 年第 12 期。

李云松、任艳君、程德蓉：《以创客教育推进高等职业教育的供给侧改革》，《实验室研究与探索》2017 年第 7 期。

梁小帆、赵冬梅：《基于关联主义学习理论的创客教学模式研究》，《现代教育技术》2018 年第 8 期。

廖湘蓉、杨志明：《大学生创新意识与创新能力的培养》，《教育探索》2000 年第 5 期。

林琳、沈书生：《设计思维与学科融合的作用路径研究——基础教育中核心素养的培养方法》，《电化教育研究》2018 年第 5 期。

刘小丹、胡小红：《创客空间支持下的学习模式研究》，《中国电化教育》2016 年第 5 期。

刘新阳：《利用有效失败的创客学习活动设计——一项探索性研究》，《中国电化教育》2018 年第 4 期。

刘悦笛：《中国伦理的知行合一起点何处寻？——论"生生"伦理与哲学何以可能》，《华东师范大学学报》（哲学社会科学版）2021 年第 2 期。

任苗苗、马燕：《创客教育的形态、功能和现实思考》，《教育评论》

2017年第4期。

申静洁、赵呈领、周端云：《培养学生创新能力：基于项目学习理论的创客课程设计研究》，《现代远距离教育》2019年第2期。

田慧生：《关于活动教学几个理论问题的认识》，《教育研究》1998年第4期。

田友谊、姬冰澌：《重识中小学创客教育：基于杜威"做中学"思想的审视》，《教育科学研究》2019年第12期。

万超、魏来：《创客教育：高校创新型人才培养的新视角》，《东北大学学报》（社会科学版）2017年第5期。

王德明：《议题式教学活动序列化建构》，《中学政治教学参考》2021年第25期。

王米雪、张立国、郑志高：《我国创客教育的实施路径探析》，《现代教育技术》2016年第9期。

王世娟、陈荣、郑旭东：《动手、动脑与动心：创客教育的三重境界及其融合》，《现代教育技术》2021年第7期。

王同聚：《走出创客教育误区与破解创客教育难题——以"智创空间"开展中小学创客教育为例》，《电化教育研究》2017年第2期。

王佑镁、郭静、宛平等：《设计思维：促进STEM教育与创客教育的深度融合》，《电化教育研究》2019年第3期。

魏非、章玉霞、宫玲玲：《能力提升工程"整校推进模式"的关键成功因素及运作机理——基于解释结构模型的探索》，《电化教育研究》2022年第5期。

谢坤：《教师在跨学科教学中的异质性知识耦合探讨》，《教育理论与实践》2017年第32期。

谢翌、曾瑶、丁福军：《过程性课程评价刍议》，《教育研究》2022年第7期。

许涛、刘涛、杨新等：《校园创客教育生态系统的要素及构建研究》，《远程教育杂志》2016年第5期。

薛瑞昌、王清：《小学创客教育的发展与理性思考》，《教学与管理》2016年第29期。

杨刚：《创客教育双螺旋模型构建》，《现代远程教育研究》2016年第1期。

杨文正：《学习情境链创设视域下的计算思维培养模式》，《现代远程教育研究》2021年第5期。

杨现民、李冀红：《创客教育的价值潜能及其争议》，《现代远程教育研究》2015年第2期。

杨晓彤、谢幼如、钟如光：《网络空间支持的中小学创客教学模式研究》，《电化教育研究》2017年第1期。

杨晓哲、任友群：《数字化时代的STEM教育与创客教育》，《开放教育研究》2015年第5期。

殷朝晖、王鑫：《美国K-12阶段STEM教育对我国中小学创客教育的启示》，《中国电化教育》2017年第2期。

余晓灵、孙燕、王新波：《中学生积极心理品质培养内容的序列化研究——以北京市第十九中学学生问卷调查为例》，《中国特殊教育》2009年第12期。

詹青龙、杨梦佳：《"互联网+"视域下的创客教育2.0与智慧学习活动研究》，《远程教育杂志》2015年第6期。

张洪春、温中梅：《高职教师教学能力成熟度模型的研究及应用》，《现代教育管理》2015年第9期。

张剑平、章苏静：《学科竞赛促进大学生教育技术能力发展》，《电化教育研究》2010年第8期。

张磊、张金耀、雷前虎：《成人创客教育发展的基础与走向》，《中国成人教育》2017年第5期。

张沿沿、冯友梅、顾建军等：《从知识结构与思维结构看思维评价——基于皮亚杰发生认识论知识观的演绎》，《电化教育研究》2020年第6期。

赵呈领、申静洁、蒋志辉：《一种整合创客和STEM的教学模型建构研究》，《电化教育研究》2018年第9期。

赵慧臣、李琳：《创客教育中知识与行动的关系研究：促进创新型人才培养》，《电化教育研究》2022年第12期。

赵慧臣、马佳雯、姜晨等：《创客教师教学能力提升研究的反思与建议》，《现代教育技术》2019 年第 5 期。

赵慧臣、张雨欣、李皖豫等：《人工智能时代数字化学习工具评价模型的建构与应用建议》，《中国电化教育》2021 年第 8 期。

赵慧臣、周昱希、李彦奇等：《跨学科视野下"工匠型"创新人才的培养策略——基于美国 STEAM 教育活动设计的启示》，《远程教育杂志》2017 年第 1 期。

赵鹏、袁兴明：《地方高校二级学院开展学科竞赛的现状、问题及对策》，《广西教育学院学报》2015 年第 5 期。

郑敬斌：《学校日常思想政治教育内容序列化建设构想》，《东北师大学报》（哲学社会科学版）2014 年第 2 期。

郑旭东、彭红超：《学习科学视域下我国创客教育开展的重新审视》，《中国远程教育》2018 年第 1 期。

钟柏昌：《创客教育究竟是什么——从政策文本、学术观点到狭义创客教育定义》，《电化教育研究》2019 年第 5 期。

钟柏昌：《谈创客教育的背景、本质、形式与支持系统》，《现代教育技术》2016 年第 6 期。

钟柏昌、刘晓凡：《创新能力培养的学理机制与 4C 教学模式建构》，《现代远程教育研究》2021 年第 4 期。

朱龙、胡小勇：《面向创客教育的设计型学习研究：模式与案例》，《中国电化教育》2016 年第 11 期。

朱学梅：《高校图书馆创建大学生跨学科阅读模式研究》，《中国中医药图书情报杂志》2015 年第 2 期。

祝智庭、孙妍妍：《创客教育：信息技术使能的创新教育实践场》，《中国电化教育》2015 年第 1 期。

（三）学位论文类

高金丽：《创客教学模式的设计与实践研究——基于创新能力培养的视角》，硕士学位论文，华东师范大学，2016 年。

郭强：《知识与行动：一种结构性关联——对吉登斯结构化理论的改造性阐释》，博士学位论文，上海大学，2005 年。

胡艳：《初中作文教学的现状与作文序列化训练的探索》，硕士学位论文，湖南师范大学，2011年。

贾波：《基于解释结构模型的SH重点工程项目风险管理研究》，硕士学位论文，山东大学，2020年。

梁忠诚：《基于解释结构模型的ZJ集团海外工程项目风险关联关系研究》，硕士学位论文，山东大学，2017年。

马佳雯：《中学STEM教师教学能力的结构模型研究》，硕士学位论文，河南大学，2020年。

唐华凤：《初中作文教学序列化研究》，硕士学位论文，苏州大学，2017年。

王贵华：《初中记叙文写作序列化教学研究——以广州市从化区中学为例》，硕士学位论文，广州大学，2018年。

谢希霖：《基于对抗解释结构模型方法的沿海智慧港口竞争力研究》，硕士学位论文，天津大学，2019年。

许琼鸰：《部编版初中语文写作序列化教学研究》，硕士学位论文，洛阳师范学院，2021年。

杨绪辉：《课程视角下的创客教育探究》，博士学位论文，南京师范大学，2016年。

曾丽君：《初中语文部编版教材阅读教学序列化探究》，硕士学位论文，西南大学，2020年。

张兰兰：《高中议论文写作教学序列化研究——以肇庆高新区大旺中学为例》，硕士学位论文，广州大学，2018年。

二 外文文献

（一）著作类

Blikstein, P., *Digital Fabrication and Making in Education: The Democratization of Invention*, Bielefeld: Transcript Publishers, 2013.

Helen Beetham & Rhona Sharpe, *Rethinking Pedagogy for a Digital Age: Designing and Delivering E-learning*, London: Routledge, 2007.

（二）期刊类

Agra, G., Formiga, N. S., Oliveira, P. S., et al., "Analysis of the

Concept of Meaningful Learning in Light of the Ausubel's Theory", *Revista Brasileira de Enfermagem*, No. 1, 2019.

Attri, R., Dev, N., Sharma, V., "Interpretive Structural Modelling (ISM) Approach: An Overview", *Research Journal of Management Sciences*, No. 2, 2013.

Awuzie, B. O., Abuzeinab, A., "Modelling Organisational Factors Influencing Sustainable Development Implementation Performance in Higher Education Institutions: An Interpretative Structural Modelling (ISM) Approach", *Sustainability*, No. 16, 2019.

Belbase, S., Mainali, B. R., Kasemsukpipat, W., et al., "At the Dawn of Science, Technology, Engineering, Arts, and Mathematics (STEAM) Education: Prospects, Priorities, Processes, and Problems", *International Journal of Mathematical Education in Science and Technology*, No. 11, 2022.

Godhe, A. L., Lilja, P., Selwyn, N., "Making Sense of Making: Critical Issues in the Integration of Maker Education into Schools", *Technology, Pedagogy and Education*, No. 3, 2019.

Hsu, Y. C., Baldwin, S., Ching, Y. H., "Learning Through Making and Maker Education", *TechTrends*, No. 6, 2017.

Huang, T. C., Lin, W., Yueh, H. P., "How to Cultivate an Environmentally Responsible Maker? A CPS Approach to a Comprehensive Maker Education Model", *International Journal of Science and Mathematics Education*, No. 1, 2019.

Hwang, Y., "When Makers Meet the Metaverse: Effects of Creating NFT Metaverse Exhibition in Maker Education", *Computers & Education*, 2023.

Langsam, Harold, "Kant, Hume, and our Ordinary Concept of Causation", *Philosophy and Phenomenological Research*, 1994.

Loertscher, D. V., Preddy, L., Derry, B., "Makerspaces in the School Library Learning Commons and the uTEC Maker Model", *Teacher Librari-*

an, No. 2, 2013.

Schad, M., Jones, W. M., "The Maker Movement and Education: A Systematic Review of the Literature", *Journal of Research on Technology in Education*, No. 1, 2020.

Shuell, T. J., "Phases of Meaningful Learning", *Review of Educational Research*, No. 4, 1990.

Tobias, S., "Generative Learning Theory, Paradigm Shifts, and Constructivism in Educational Psychology: A Tribute to Merl Wittrock", *Educational Psychologist*, No. 1, 2010.

Valente, J. A., Blikstein, P., "Maker Education: Where is the Knowledge Construction?", *Constructivist Foundations*, No. 3, 2019.

Waters, J. K., "What Makes a Great Makerspace", *Journal Technological Horizons in Education*, 2016.

Watkins, Eric, "Kant's Model of Causality: Causal Powers, Laws, and Kant's Reply to Hume", *Journal of the History of Philosophy*, No. 4, 2004.

Weng, X., Cui, Z., Ng, O. L., et al., "Characterizing Students' 4C Skills Development During Problem-based Digital Making", *Journal of Science Education and Technology*, No. 3, 2022.

(三) 其他类

Dede, C., "The Role of Digital Technologies in Deeper Learning. Students at the Center: Deeper Learning Research Series", https://www.semanticscholar.org/paper/The-Role-of-Digital-Technologies-in-Deeper-Students-Dede/21607df74e4b51c237e018d9338d253bee7aa3ab, October 2, 2022.

Maker Promise, "Maker Promise FAQ", https://digitalpromise.org/maker-promise-faq/, July 15, 2022.

Marulcu, I, "Investigating the Impact of a LEGO-based, Engineering-oriented Curriculum Compared to an Inquiry-based Curriculum on Fifth Graders' Content Learning of Simple Machines", https://www.proquest.com/openview/205a192866391234943567ed1078d794/1?pq-origsite=

gscholar&cbl=18750, July 15, 2022.

Yokana, L., "Creating an Authentic Maker Education Rubric", https://www.edutopia.org/blog/creating-authentic-maker-education-rubric-lisa-yokana, July 15, 2022.

后　　记

作为创新人才培养的重要形式，创客教育在实践中却存在着"重教轻学""学习活动设计同质化""学习活动设计数量单一""学习活动设计割裂化"等问题。在创客教育推广普及的当下，如何聚焦于学生的学习过程，构建出循序渐进、环环相扣的创客教育序列化学习活动模型，促进学生实现知行创的融合发展，成为中学创客教育发展过程中亟待解决的问题。

本书基于对创客教育理论研究和实践探索的分析，结合中学生的认知发展规律，利用科学的方法揭示学习活动之间隐含的因果逻辑关系，将创客教育中无序、离散的学习活动进行分析、排序，形成多级递阶的序列化学习活动模型，从而为教师设计科学高效的创客教学提供科学依据，为促进学生的有效学习、实现知行创的融合发展明晰方向。

本书是团队成员共同努力的结果。其中，赵慧臣负责了策划和协调工作。在内容撰写方面，赵慧臣、李琳等撰写了引言、第一章、第八章，赵慧臣、李琳、范田田等撰写了第二章，李琳、赵慧臣等撰写了第三章、第四章、第五章、第六章，赵慧臣、张娜钰、李琳、赵萍、马佳雯、姜晨等撰写了第七章。

本书离不开其他人员的大力辅助。其中，张瑜、王莹、朱明琳等协助修改了书稿的格式规范和部分文字的表述。

书稿出版之际，特别感谢中国社会科学出版社的帮助和支持，感谢他们为书稿修改所提出的中肯建议，以及其他方面的辛勤付出！

本书还引用了大量的学术文献或学术观点，在此一并表示感谢！

赵慧臣
二〇二四年二月